AI 돌봄 윤리

AI문고

인공지능 시대입니다. 기계가 인간의 인지를 대신하고, 사물이 인간을 통하지 않고 다른 사물과 직접 커뮤니케이션합니다. 이에 따른 인간 삶과 문명 변화를 정확히 이해·예측·대응하는 것은 이 시대 우리 모두의 과제입니다. AI문고는 인공지능 기술과 환경의 여러 주제를 10가지 키워드로 정리합니다. 관련 개념과 이론, 학계와 산업계의 쟁점, 우리 일상의 변화를 다룹니다. 인간과 기술의 현재, 미래를 세심히 분석합니다.

일러두기

- 인명, 작품명, 저서명, 개념어 등은 한글과 함께 괄호 안에 해당 국가의 원어를 병기했습니다.
- 외래어 표기는 현행 어문규정의 외래어표기법을 따랐습니다.

처음이세요?

전문가세요?

AI 돌봄 윤리

김준혁

대한민국, 서울, 커뮤니케이션북스, 2025

AI 돌봄 윤리

지은이 김준혁
펴낸이 박영률

초판 1쇄 펴낸날 2025년 11월 13일

커뮤니케이션북스(주)
출판 등록 2007년 8월 17일 제313-2007-000166호
02880 서울시 성북구 성북로 5-11
전화(02) 7474 001, 팩스(02) 736 5047
commbooks@commbooks.com
www.commbooks.com

ISBN 979-11-430-1469-6 03500

책값은 뒤표지에 표시되어 있습니다.

차례

AI 돌봄 윤리가 필요한 이유

AI가 그 적용에 대한 논의를 빠르게 확대하고 있는 영역 중 하나로 돌봄 노동이 꼽힌다. 여러 이유가 있겠지만, 돌봄 노동의 지난함을 AI(및 AI에 감각 장치와 동작 장치를 더한 로봇)가 대체하는 것이 많은 이들에게 그럴듯하게 다가오기 때문일 것이다. 지금, 돌봄 위기의 시대이자(The Care Collective, 2020), 푸이그 데 라 벨라카사(Maria Puig de la Bellacasa)가 책에서 역설한 것처럼 돌봄의 가치에 대한 헤게모니적 부활이 이루어지고 있는 지금(Puig de la Bellacasa, 2017) 돌봄 노동에 대한 논의는 당연하다고 생각할지 모른다. 그러나 나는 AI와 돌봄 노동을 생각할 때마다 2008년 애니메이션 〈월-E〉를 떠올린다. 사실, 그땐 페미니즘 진영 바깥에서 그렇게 돌봄에 관한 논의가 진지하게 이루어지던 시기는 아니었다.

〈월-E〉는 주제와 소재 모두 AI 로봇의 돌봄 노동을 다룬 작품이다. 쓰레기 더미가 된 미래의 지구엔 생명이 생존할 수 없는 상태다. 남은 인류는 쓰레기 문제가 해결될 때까지 우주를 떠돌고 있다. 외롭게 남은 지구 청소 로봇 월-E는 어느 날 탐사 로봇 이브를 만나고, 이브의 관심을 사기 위해 은신처에서 이것저것 보여주다가 기르던 식물을 보여준다. 식물을 몸속에 넣고 꺼져버린 이브를 돌보던 월-E는 이브를 놓고 갔던 우주선이 다시 돌아온 것을 보고 혹시 이브를 놓칠까, 우주선에 숨어 들어간다. 우주선에서 월-E가 마주하는 것은 모든 일을 로봇에게만 맡겨두고, 손도 까딱하지 않는 인간들의 모습이다. 그런 이들이 지구를 쓰레기 더미로 버려 둔 것은 이상하지 않다.

작품은 배경에서 로봇의 돌봄과 인간의 돌봄을 비교하며, "인간보다 더 인간적인" 로봇의 특성을 그의 돌봄을 통해 보여준다. 월-E는 버려진 지구를, 탐사 로봇 이브를 돌보는 자이며 나중에는 돌봄을 잊었던 인간들에게 무엇이 돌봄인지 알려주는 존재다. 반면, 인간은 어떻게 돌볼지 모르는 존재, 그저 받기만 하는 것에 익숙하여 몸을 움직이는 것조차 어려워하는 존재로 그려진다.

한 층위 올라가 작품을 독해하면, 우리는 월-E를 현실의 저임금 외국인 돌봄 노동자에게 겹쳐 볼 수도 있다. 그는 이방인(로봇=외국인)이자, 아무런 보수나 가치 인정 없이 돌봄 노동을 수행하는 자다. 하지만, 그의 돌봄이 있기에 생명이 유지될 수 있다. 반대로 인간, 선진국의 거주자(우주선 생활자)는 오히려 삶의 유지에 해악을 끼치는 자들이다. 그들은 삶을 꺼뜨린다. 여기에서 우리가 얻는 통찰은 두 가지다. 첫째, 이미 이전부터 사람들은 기술의 실현 가능성이 아직 남았다고 생각하던 때에도 돌봄 노동자를 로봇에 겹쳐 보곤 했다. 둘째, 로봇이 이미 돌봄에 투여되고 있으며 그 가능성이 점차 확대되고 있는 현재, 이들이 어떤 돌봄을 제공할 수 있고 해야 하는지 우리는 생각해 보아야 한다. 다시, 〈월-E〉에는 여러 로봇이 나오며 심지어 여러 로봇이 돌봄에 투여되고 있지만, 제대로 돌볼 수 있는 것은 월-E가 유일하다.

그렇다면, 로봇의 돌봄 노동을 생각하는 일은 그저 로봇의 처우나 그 행위의 실현 가능성을 따지는 것을 넘어, 돌봄 노동이 우리에게 위치한 자리와 방향을 생각하는 일이다.

해당 작품이 나온지도 벌써 20년 남짓 시간이 지났다. 기술은 발전했고, 지금 AI와 로봇은 전례 없는 발전 도상에 놓여 있다. 다시, 그리고 많은 이들이 돌봄 노동의 어려움을 로봇에 전가하는 것이 적절하다고 여기고 있는 것 같고, 많은 연구가 이루어지고 있다. 그러나 AI 돌봄이 괜찮은가?라는 기본적인 질문을 묻는 이는 쉽게 찾아보기 어렵다.

질문 자체의 난점 때문인지도 모른다. 어디서 물어보아야 할까. 페미니즘? 아직까지 AI와 로봇은 페미니즘의 주안은 아니다. AI 연구? 돌봄을 다룬 AI 논의는 없거나 거의 없다. 로봇학이나 로봇 윤리? 로봇에 대한 처우에 대해선 일찍부터 논의가 있었지만, 돌봄을 검토하지는 않았다. 물론, 이미 로봇이 돌봄 영역에서 활용되고 있기 때문에 구체적인 논의는 이미 진행되고 있다. 그러나 어디에서도 어떤 원칙을 전제해야 하느냐는 검토를 찾아볼 수는 없다.

어디에서 출발해야 하는가? 나는 돌봄 윤리를 출발점으로 하여, 여기에서 AI와 로봇의 돌봄 노동을 검토해야 한다고 생각한다.

돌봄 윤리란 무엇인가

돌봄 윤리라는 이름 자체가 생소할 수도 있겠다. 또는 돌봄에 관한 윤리라고 해석할 이도 많을 것이다. 그렇기도 하고, 그렇지 않기도 하다. 돌봄 윤리는 물론 좋은 돌봄이 무엇인가에 대한 답이기도 하지만, 돌봄에 처해진(situated) 우리가 윤리에 다른 방식으로 접근해야 한다는 요구이기도 하다. 무엇보다 돌봄에 대한 윤리 또는 돌봄의 윤리라고 하지 않고 '돌봄 윤리'라는 별도의 표현을 쓰는 이유는, 이것이 기존의 윤리적 틀과 다른 윤리학을 제시하고 있음을 의미한다.

처음 돌봄 윤리라는 표현을 썼던 것은 캐럴 길리건(Carol Gilligan)이었다(Gilligan, 1982). 피아제의 발달 이론을 도덕성 발달에 적용했던 로렌스 콜버그(Lawrence Kohlberg)는 개인의 도덕적 판단을 전관습적 수준에서 후관습적 수준에 이르는 여섯 단계의 발달 과정으로 나눌 수 있다고 주장하였으며, 딜레마 상황에 대한 여러 연령의 피험자가 내놓는 대답을 그 근거로 삼았다. 콜버그의 발달 단계는 전통적인 도덕 이론과 충돌하지 않았고, 오히려 왜 개인이 보편적인 윤리 이론에 기대어 여러 판단을 내리게 되는지를 설명하는 데 충실했다. 문제는, 이런 틀을 여성에 적용할 때 나타났다.

콜버그의 도덕 발달론에서 발달의 세 번째 단계는 '관계적 추론'이라고 요약할 수 있다. 이전 단계에서 자기 이득을 극대화하기 위한 결정을 내리던 개인(주로 아동)은, 3단계로 넘어오면서 주변 사람들과 좋은 관계를 유지하기 위한 선택을 도덕 판단에서 중시하게 된다. 남성 청소년은 3단계에서 4단계 '사회 체제 순응'으로 넘어가는 반면, 여성 청소년은 3단계에 머무르는 경향을 보였다. 게다가, 이런 경향은 성인이 되어서도 크게 바뀌지 않았다. 이 결과를 놓고 콜버그는 남성이 추상적 도덕 원리로 발전하는 반면, 여성은 3단계에서 도덕 발달이 정체된다는 식으로 해석했다.

콜버그 밑에서 연구 조교 생활을 했던 길리건은 콜버그의 이론을 비판한다. 첫째, 그의 경험 증거가 남성만을 대상으로 했기 때문에 젠더 편향적이라는 것이다. 콜버그는 도덕 발달 이론을 만들면서 80여 명의 면담 자료를 활용했는데, 여기에 여성 피험자가 포함되지 않았다. 남성만 면담한 결과로 만든 이론이 여성을 제대로 설명하지 못한다는 것은 당연하다. 심리학 연구의 젠더 편향을 정면으로 드러낸 이 비판을 넘어, 길리건은 콜버그의 이론을 재차 비판한다. 둘째, 여성의 도덕적 발달은 남성과는 다른 방식으로 나타난다. 여성이 콜버그의 3단계에 머무르는 것은 도덕 발달의 정체가 아니라, 여성이 남성과는 다른 도덕관을 가지고 있음을, 무엇보다 관계 중심의 성숙한 도덕적 판단이 가능함을 보여준다.

길리건이 윤리학자는 아니었으나, 그의 이런 통찰은 기존 윤리학을 뒤흔들었다. 전통 윤리학이 기원하는 아리스토텔레스, 칸트, 벤담은 개별 도덕 판단자가 어떻게 하면 보편적으로 옳은 결정에 도달할 수 있을지를 각각 성숙한 덕, 보편적 준칙, 쾌의 극대화 계산에 기초하여 제시하였다. 여기에서 도덕 판단자는 개인에서 보편으로 도약하며, 비록 혼자서 결정하나 보편을 포괄하는 결론을 내릴 수 있다고 가정된다. 그러나 이 과정에서 주변의 타인은 사라진다. 주체가 보편적 기준에 따라(정의롭게) 내린 결정은 당연히 내 옆의 타인에게도 옳다. 그런데, 정말 그런가?

이런 문제를 극명하게 보여주는 사례로 의료 윤리적 상황을 생각해 볼 수 있다. 여러 가지 의료 윤리적 상황이 있지만, 여기에서 말하는 것은 당사자의 의견이 다른 경우다. 환자와 의사가, 가족과 제도가 치료에 대해 생각하는 방식이 다르고 결과적으로 다른 접근을 원한다. 당연히 각자의 생각은 그럴 듯하다. 예컨대, 치료 방향을 놓고 의사는 가장 안전한 치료법을 권하는데 환자는 가장 효과적인(하지만 위험한) 치료법을 원한다. 누구의 말을 따라야 할까. 의사 말을 따르자니 환자가 속상하고, 환자 말을 따르자니 의사의 전문성을 무시하게 된다. 보편적 기준이 작동해야 하는데, 애초에 그런 기준이 작동할 수 없는 상황인 것이다.

사실, 이럴 땐 둘 사이의 관계를 따져보아야 한다. 환자와 의료인 사이 당장의 감정적인 부분이나 이후 장기적 신뢰까지 고려해야만 '옳은' 결정을 내릴 수 있게 된다. 그러나 전통적인 윤리학은 이런 영역을 검토하지 않는다. '단독자'의 결정에 주변 사람과의 관계는 부차적인 요소일 뿐이기 때문이다. 늘 관계 속에서 이루어지는 돌봄의 실천에 대해서도, 항상 돌보는 자와 보살핌받는 이 사이에서만 나오는 돌봄의 가치(물론, 자기 돌봄이라는 특수항이 있지만 이는 자신이 자신과 맺는 관계로 해석해야 한다) 또한, 관계를 검토하지 않는 전통적인 윤리학에서 어떤 답을 말하기 어렵다.

게다가, 법칙이나 계산이 아닌 관계에 기초한 윤리를 우리는 생각해 볼 수 있다. 모든 것을 내어줄 것을 요구하는 타자의 얼굴 앞 의무를 말하는 레비나스(Lévinas, 1947)나, 나-당신의 관계를 존재 양식의 출발점으로 두었던 부버를 언급할 수도 있을 것이다(Buber 1923/1937). 하지만 그 이전에 우리에게 허용되는, 또는 허용되지 않는 행위를 따지는 윤리학은 그 출발점에서 두 가지 상대방, 판단자로서의 상대와 행위 대상으로서의 상대를 가정하고 있다. 그 결정을 선의지나 쾌-불쾌의 수량적 계산으로 전환시켜 단독자로서도 충분히 허용과 불허용을 따져볼 수 있다고 생각한 것은 오히려 근대 윤리학의 전환이다. 오히려 이타성을 윤리의 출발점으로 보는 진화

심리학적 관점을 수용한다면(Bloom 2013), 윤리의 시작은 다른 사람을 위하는 마음이다. 다른 사람에게 마음을 쏟는 누군가는 선한 행동에 대한 시작 신호가 주어지고 있는 것이다. 또는 선함의 정동(affect)이 부여되고 있다고 말해도 좋겠다. 물론 어떤 법칙이나 행동 규범을 만들기 위해선 따져볼 수 있는 원칙이나 기준이 필요하다. 하지만, 그렇다고 해서 원칙이나 기준이 우선한다고 말해선 안 되는 것 아닐까.

이 지점에서, 돌봄 윤리는 관계와 돌봄에서 출발하는 윤리가 가능하다고 주장한다. 예컨대 버지니아 헬드(Virginia Held)가 돌봄 윤리를 상호 의존적인 존재 사이 공감과 같은 감정으로 움직여 타인의 필요를 채우려는 도덕적 책무로 정의할 때(Held, 2005), 또는 키테이(Eva Feder Kittay)가 신체적, 정서적 노동과 집중하는 태도, 연민하는 덕이 함께 작동하는 것이 돌봄 윤리라고 말할 때(Kittay 2019), 그것은 타인을 향해 반응하고 움직이는 우리의 책임이 개별자로부터가 아니라 우리가 맺는 관계로부터 나올 수 있다는 뜻이다. 여기에서 관계는 돌봄의 출발점이자, 우리가 서로에게 지는 윤리적 책임을 말하는 돌봄 윤리의 바탕이 된다.

우리가 서로와 맺는 돌봄 관계가 때로 부담스러울지

언정, 그것은 트론토(Joan Tronto)가 명료하게 지적하고 있는 것처럼 누군가 그 돌봄 책임을 방기하고('무임승차') 있기 때문이지 돌봄 관계 자체가 잘못된 것은 아니다(Tronto, 2013). 오히려, 행위나 행위자로부터 출발하는 다른 어떤 윤리학과 달리 돌봄 윤리는 관계가 서로에게 요구하는 책임을 말하기에 (환경에, 사회에, 정치에) 누구도 책임지려 하지 않는 21세기 지금에 적합한 윤리가 된다.

그러나 AI와 로봇의 돌봄에 관해 말하는 데서 돌봄 윤리는 쉽지 않은 틀이다. 타인과의 관계에서 돌봄 윤리가 출발하며 우리는 부모와 자녀, 의료인과 환자, 생활 보조인과 장애인, 심지어 친구 사이의 관계에서 서로에 대한 책임을 생각하는 것은 그렇게 어려운 일은 아니다. 그러나 AI와 로봇의 돌봄 윤리라면, 우리가 AI와 로봇과도 앞서와 비슷한 관계를, 예컨대 부모와 자녀와 같은 관계를 맺고 있거나 맺을 수 있다는 뜻인가? 그렇지 않다면, 돌봄 윤리는 그저 돌봄 수행에서 지켜야 할 것을 몇 가지 나열하는 격률을 제시하는 데서 그칠 것이다. 그런 논의에 전통적 윤리학 이상이 필요하지는 않다.

돌봄 윤리는 어떻게 AI와 로봇에 적용되는가

따라서 AI와 로봇을 놓고 돌봄 윤리를 말할 때, 우리와 이런 인공 행위자(artificial agent)가 맺는 관계가 무엇인지 검토하는 것은 필연적이다. 이 관계가 도구적 관계라면, 예컨대 조애너 브라이슨(Joanna Bryson)이 주장하듯 인공 행위자는 도구 이상이 되어선 안 된다면(Bryson, 2010), 돌봄 윤리를 말할 필요는 없다. 그리고 인공 행위자가 온전히 사용자의 손 안에 장악될 뿐인 단순한 기계라면, 돌봄에서 윤리에 관한 논의는 사용자에 대한 것, 즉 돌봄 제공자의 윤리에 대한 내용으로 돌아갈 것이다. 여기에서 인공 행위자의 돌봄 윤리를 말하는 것은 우리와 인공 행위자가 맺는 관계가 도구적 관계 이상일 수 있음을 전제한다. 이미 시설에 다양한 형태로 보급된 '반려로봇'이 증명하듯(Hung et al., 2019), 로봇은 이미 인간과 도구 이상의 관계를 맺을 수 있음이 확인되고 있다. 무엇보다, 꽤 가까운 미래에서 인공 행위자가 돌봄을 수행한다면, 그것은 돌봄 제공자-인공 행위자 팀이 보살핌 받는 이를 '함께' 돌보는 일일 것이다(물론, 그 이후엔 인공 행위자 단독의 돌봄을 고려해 볼 수도 있지만, 일단 당장 다가올 순차적인 필요부터 충족하는 것을 나는 선호한다). 돌봄 제공자-인공 행위자 팀은 그 자체로 윤리적 행위자가 될 수 있다(Nyholm, 2023). 그것은 우리가 회사나 심지어 가정에서 함께 일할 때, 팀 단위로 그 행위의 윤리성과 도덕적 책임을 따져 묻는 것과 같다.

이것을 돌봄 윤리의 언어로 전환한다면, 돌봄 제공자-인공 행위자 팀의 윤리는 둘이 맺는 관계에서 출현한다. 우리가 인공 행위자의 돌봄 윤리에서 물어야 하는 것은 인공 행위자가 윤리적 딜레마 상황에서 어떻게 행동할지(유명한 MIT Moral Machines 실험에서 자율주행 자동차가 사고 상황에서 어떻게 행동해야 하는지 물은 것처럼)가 아니다. 인공 행위자의 돌봄 윤리는 돌봄 제공자가 인공 행위자와 어떤 관계를 맺어야 하는지, 둘의 관계에선 어떤 의도, 실천, 책임의 분배와 교환이 일어나는지, 무엇보다 돌봄 윤리의 구상을 인간 돌봄 제공자-인공 행위자에게 적용할 수 있는지를 살펴야 한다. 더 나아가 인공 행위자가 인공 돌봄 행위자(Artificial Care Agent, ACA)로 불리기 위해 어떤 조건을 갖추어야 하는지를 따져볼 필요가 있다.

그렇다면 살펴야 하는 것은 다음과 같다. 첫째, 현재 검토해 볼 만한 돌봄 윤리의 구상을 제시하고, 이를 인간 돌봄 제공자-인공 행위자-보살핌 받는 이의 관계에 확장할 수 있는지 확인한다. 넬 나딩스(Nel Noddings)부터 트론토나 대니얼 잉스터(Daniel Engster)까지 다양한 돌봄 윤리의 논의를 적용해 볼 수 있겠지만, 여기에서 배경으로 삼는 것은 이런 논의들을 종합하여 내가 제시한 돌봄 윤리의 여섯 가지 측면이다(김준혁, 2024). 책은 돌봄 윤리(또는, 좋은 돌봄)를 다음과 같이 정의하며 시작한다. "돌봄이란 돌보는 이와 보살핌받는 이 사이에서 교환되는 의지적 · 정서적 행동으로, 여기에서 돌보는 이는 보살핌받는 이의 소망을 충족하여 그가 피어날 수 있도록 돕는다. 단, 돌봄은 다층적이며, 각자는 그 안에서 돌보는 이도, 보살핌받는 이도 될 수 있다." 이것을 여섯 가지 개념어로 다시 정리하면, 관계성, 조율, 상호 주관성, 역능 강화, 순환성, 유동성이 된다. 이 개념어들을 각각 검토하고, 돌봄 제공자-인공 행위자-보살핌받는 이의 관계와 돌봄을 설명하는 데 적용, 확장될 수 있는지 논의하는 것이 우선되어야 한다.

둘째, 앞의 작업에 성공한다면, 우리는 이를 통해 인공 행위자의 돌봄 윤리가 어떻게 이루어질 수 있는지를 살펴야 한다. 특히, 그것이 현재의 돌봄 위기와, 그에 대한 대안으로 별다른 고려 없이 로봇을 돌봄 현장에 무작정 도입하기만 하면 된다는 식의 기술 우선주의적 접근이 가진 문제에 대해 어떤 답을 내놓을 수 있는지를 제시할 필요가 있다. 나는 그 대답으로 ACA를 제안한다. 인공 도덕 행위자(Artificial Moral Agent, AMA)의 돌봄 윤리적 판본인 ACA는 돌봄 실천에서 제공되어야 할 돌봄을, 돌보는 이와 보살핌 받는 이가 서로 이루어야 할 관계를, 그 돌봄이 목적하는 방향을 고려하여 설계된 돌봄 인공 행위자를 가리킨다. 그 구체적인 현실 사례를 아직 확인할 수 없으므로, 이 책은 노벨문학상 수상 작가 가즈오 이시구로(Kazuo Ishiguro)의 2021년 작품 《클라라와 태양》을 통해 ACA의 가능성을 검토하려 한다. 작품은 단독적인 판단이 가능한 휴머노이드를 주인공으로 등장시키고 있지만, ACA의 행위자성에 대한 논의나 돌봄 윤리적 사유에 대한 풍성함을 제공하는 데서 해당 작품은 충분한 마중물의 역할을 할 수 있다.

이 책은 무엇을 겨냥하는가

이미 같은 총서로 돌봄 로봇을 고찰한 《AI 시대의 돌봄》이 나온 마당에(유경아, 2025), 추가적으로 작업물을 내놓을 필요가 있나 싶은 생각이 없는 것은 아니다. 그러나 돌봄 윤리를 AI의 맥락에서 확장하여 검토해 달라는 요청에 윤리학자로서 반응할 책임이 있다고 생각했고, 이 지면을 통해 돌봄 윤리를 소개하는 것이 인공지능총서를 읽는 독자에게 도움이 될 것이라는 믿음이 생겼다. AI 윤리를 검토한 여러 작업이 있으나, 우리와 AI의 관계를 물어야만 하는 현 시점에서 돌봄 윤리가 다른 무엇보다 적실한 답을 내놓을 수 있는 틀이라는 기대도 있다.

그러나 무엇보다, 아직 돌봄 윤리라는 사유의 틀이 여러 발전의 가능성을 내재하고 있다는 점이 중요하다.

살필 것처럼, 돌봄 윤리는 전통적으로 인간 간의 관계에 국한되어 논의되어 왔지만, 인공 행위자와의 관계에서도 적용 가능한 새로운 윤리적 틀로 확장될 수 있다. 이는 단순히 기존 돌봄 윤리를 AI에 적용하는 것이 아니라, 인간-AI 하이브리드 돌봄 시스템에서 발생하는 새로운 윤리적 문제들을 다루기 위한 접근법의 확장을 의미한다. 특히, 감정과 의도를 가정하지 않는 비인간 행위자와의 돌봄 관계에서 어떻게 상호성과 책임이 구성될 수 있는지, 그리고 이러한 관계가 기존의 돌봄 개념을 어떻게 재구성할 수 있는지에 대한 새로운 이론적 토대를 마련할 필요가 있으며, 이에 대해 돌봄 윤리가 충분한 답을 내놓을 수 있다고 이 책은 주장하고자 한다.

선언적으로 책을 시작하자. AI 돌봄 윤리는 돌봄 제공자-돌봄 AI-돌봄 수용자의 관계 속에서 이들 모두를 위해 돌봄 AI(의 개발과 활용, 작동)가 검토하고 따져야 할 요소를 제안하는 윤리적 틀이다. AI 돌봄 윤리를 통해서만 우리는 돌봄 상황에서 AI와 로봇이 앞으로 어떻게 나아가야 할 지 제대로 제시할 수 있다.

참고문헌

김준혁(2024). 《돌봄의 역설: 모두가 원하지만 아무도 하고 싶지 않은》. 은행나무.

유경아(2025). 《AI 시대의 돌봄》. 커뮤니케이션북스.

Bloom, P.(2013). *Just Babies: The Origins of Good and Evil.* Random House. 최재천·김수진 옮김(2024). 《선악의 기원: 아기를 통해 보는 인간 본성의 진실》. 21세기북스.

Bryson, B.(2010). Robots should be slaves. In Wilks, Y.(ed.). *Close Engagements with Artificial Companions*, pp.63~74. John Benjamins Publishing Company.

Buber, M.(1937). *I and Thou.* T. & T. Clark. 표재명 옮김(1990). 《나와 너》. 문예출판사.

Gilligan, C.(1982). *In a Different Voice: Psychological Theory and Women's Development.* Harvard University Press. 이경미 옮김(2020). 《침묵에서 말하기로: 심리학이 놓친 여성의 삶과 목소리》. 심심.

Held, V.(2005). *The Ethics of Care: Personal, Political, and Global.* Oxford University Press. 김희강·나상원 옮김(2017). 《돌봄: 돌봄 윤리》. 박영사.

Hung, L. et al.(2019). The benefits of and barriers to using a social robot PARO in care settings: A scoping review. *BMC Geriatrics, 19*(232).

Kittay, E. F.(2019). *Learning from My Daughter: The Value and*

Care of Disabled Minds. Oxford University Press. 김준혁 옮김(2023). 《의존을 배우다: 어느 철학자가 인지장애를 가진 딸을 보살피며 배운 것》. 반비.

Lévinas, E.(1947). *De l'existence a l'existant*. 서동욱 옮김(2003). 《존재에서 존재자로》. 민음사.

Nyholm, S.(2023). *This is Technology Ethics*. Wiley-Blackwell. 윤준식·박형배 옮김(2025). 《이것이 기술윤리다: 인공지능 시대의 철학 나침반》. 그린비.

Puig de la Bellacasa, M.(2017). Matters of Care: *Speculative Ethics in More Than Human Worlds*. University of Minnesota Press.

The Care Collective(2020). *The Care Manifesto: The Politics of Interdependence*. Verso. 정소영 옮김(2021). 《돌봄 선언: 상호의존의 정치학》. 니케북스.

Tronto, J. C.(2013). *Caring Democracy: Markets, Equality, and Justice*. 김희강·나상원 옮김(2021). 《돌봄민주주의》. 박영사.

01
돌봄 위기와 AI

현대 사회는 돌봄의 위기에 처했다. 코로나19 팬데믹은 돌봄 체계의 붕괴를 드러냈고, 돌봄 노동은 여전히 저평가되며 공백이 커지고 있다. 이에 대한 대안으로 로봇과 AI 돌봄이 주목받고 있다. 그러나 인간적 상호작용 결여, 존엄성 침해, 동의 문제 등 윤리적 비판도 크다. 돌봄은 단순히 기능 수행이 아니라 관계적 실천이라는 점에서, 로봇 도입이 불가피하더라도 돌봄 윤리적 관점에서 신중히 검토해야 한다.

기후 위기와 인공지능?

돌봄의 위기

우리는 돌봄의 위기에 처해 있다(Dowling, 2021). 여기에서 돌봄의 위기란 당장 우리가 지금까지 복지라는 개념으로 이해해 왔던 것, 즉 커뮤니티 서비스와 복지 시설의 와해, 양육 제도와 기관의 붕괴, 요양원과 요양 병원의 기능 상실을 가리키는 것으로 이해된다. 그러나 그 뿐인가? 많은 이들은 현재 우리가 겪고 있는 기후 위기를 돌봄과 연결짓는다. 다른 누구도 아닌 우리, 지구를 돌볼 책임을 진다고 종교적으로든, 이념적으로든, 심지어 과학적으로든 믿어져 왔던 인간이 그 책임을 방기하면서 벌어진 것이 지금의 기후 위기라는 것이다(신지혜 외, 2024).

이런 돌봄의 위기를 극적으로 우리에게 보였던 사건은 코로나19 팬데믹이었다. 서로를 보호하기 위한 거리두기의 명령은 대면 노동을 기본으로 한 돌봄의 제공을 극단적으로 위축시켰다. 가정을 방문하여 개별적인 돌봄의 필요들을 검토하던 사회복지사들이 방문할 수 없게 되면서 많은 가정이 돌봄의 범주 바깥에 버려졌다. 반대로, 돌봄 시설은 제대로 감염에 대한 대처를 하지 못한 상황에서 대량 확산의 거점으로 낙인찍혀 마찬가지로 버려졌다. 현대 사회에서 점차 아이들을 돌보는 기관으로 변한 공공 교육 기관은 팬데믹 기간 제 기능을 하지 못했고, 아이들은 배워야 할 것들을 배우지 못한 채 다음 단계로 떠넘겨졌다. 팬데믹은 돌봄을 격리시켰고, 그 상흔은 지금까지 남았다.

이 상황을 겪으면서 우리는 깨닫는다. 돌봄의 필요는 넘쳐 나는데, 우리에게 돌볼 사람이 없다는 것이 문제가 된다. 이전 사적 책임의 영역에 놓였던 돌봄이 이제 공적 노동이 되었지만, 우리 사회는 아직 돌봄 노동에 정당한 가치를 부여하지 못하고 있다. 여전히 저임금 단순 노동으로 취급받는 돌봄이지만, 한편 우리는 점점 더 고급 돌봄을 원한다. 우리 아이를 돌보는 이는 아이에게 뛰어난 돌봄을 제공해야 한다. 노인으로서 내 물리적, 정서적 필요에 돌봄의 손길을 내미는 이는 능숙해야 한다. 가치 부여와 요청되는 노동 수준 사이에 점차 간극이 벌어지고 있으나, 이에 대해 관심을 기울이는 이는 없다.

그래서 대안으로 제시된 것이 로봇과 AI다. (그들을 제작한 이가 개발비와 제작비를 청구할지언정) 로봇과 AI는 노동력에 대한 대가를 요구하지 않는다. 반면, '단순한' 돌봄 노동은 이제 충분히 수행할 수 있을 정도로 기술이 발달한 것 같다. 그렇다면, 로봇과 AI에게 돌봄 노동을 시키지 않을 이유가 무엇이란 말인가. 돌볼 이가 없는 지금의 돌봄 위기에, '돌봄 로봇'은 마법의 키워드가 아닌가.

돌봄 로봇의 현재

딜리전트 로보틱스(Diligent Robotics)의 목시(Moxi)는 병원의 물류 지원을 위해 개발된 로봇으로, 120센티미터 정도의 키와 관절이 있는 팔, 조작 가능한 집게 형태의 손을 가지고 있다. 창고에서 물건을 집어 옮기는 등의 이동-조작 업무를 효과적으로 수행할 수 있는 형태로 개발되었으며, 전면 카메라와 후면 라이다(레이저광을 이용한 레이더 장치)를 통해 주변을 인식하여 안전하게 이동한다. AI 기반 판단을 통해 목시는 엘리베이터 작동, 문 열기, 사람에게 부딪히지 않고 이동하기 등의 과업을 수행할 수 있다. 목시는 2025년 5월 기준 30만 개의 약물 배송을 완수, 보건 의료계에서 신뢰성을 확보하였다(Wessling, 2025.7.16). 목시 자체의 운용 비용은 저렴하다고 말하기 어렵지만, 목시는 번거롭고 단순한 업무를 도와 간호사의 이직률을 낮춰 전체 의료 비용을 감소시킬 수 있을 것으로 기대되고 있다.

2025년 3월 발표된 네비게이트(NaviGait)의 루이(Ruyi)는 치매 환자의 가정생활을 보조하기 위한 목적으로 만들어졌다(Huffman, 2025.3.12). 80센티미터 크기의 루이는 다양한 센서를 내장하여 가정에서 돌봄 대상자의 상태를 지속적으로 모니터링할 수 있으며, 특히 로봇의 AI는 자세, 보행, 발화 등을 분석하여 대상자의 이동 및 활동을 장기적으로 파악하는 데 강점을 보인다. 아직 연구 단계이지만, 루이는 노인 시설에 배치되어 독립생활을 지원하고 돌봄 제공자의 부담을 완화하는 것을 목표로 하고 있다.

국내에서 개발되어 지자체 지원 하 노인 가정에 배치되고 있는 로봇 효돌은 2025년 3월 1만2000대가 전국에 보급되었다(정은주, 2025.3.24). 손자녀에 대한 노인 인구의 애착을 활용하기 위해 일곱 살 아이의 형태로 제작된 효돌은 69센티미터의 봉제 인형으로, 챗GPT 기반 대화 엔진에 토닥임, 쓰다듬기 등에 반응할 수 있는 센서를 장착하여 대상자와의 상호작용을 극대화한다. 또한 클라우드 기반 모니터링 시스템과 연동하여 스마트폰 앱을 통해 사용자의 상호작용 빈도 및 상태를 가족이나 간병인이 확인할 수 있도록 한다(Shin and Jeon, 2024).

돌봄 로봇에 대한 비판, 대안을 위한 돌봄 윤리

돌봄 로봇과 AI가 돌봄 노동의 여러 측면을 대체하는 것이 필수적이며 이미 실제 현장에서 활용되는 사례를 여럿 찾아볼 수 있다고 하여, 아무런 문제도 없는 것은 아니다. 당장 효돌과 같은 애착 로봇의 경우, 돌봄 대상자를 유아화한다는 비판에 직면해 있다(Hung et al., 2025). 비록 이런 로봇이 대상자에게 안정을 주기 위한 목적으로 개발되었다 해도, 인형의 형태로 제작된 것은 대상자의 연령을 고려하지 않은 비하적 설계로 그들의 존엄을 무시하는 처사일 수 있다는 것이다. 또한 이들이 돌봄을 대체하는 형태로 제작되지 않았음에도 불구하고, 여러 환경에서 로봇에 대한 돌봄 과의존이 발생하여 오히려 대상자의 고립을 심화시키는 문제가 나타나고 있다. 또한 AI의 데이터 활용에서 대상자의 동의는 핵심적이나, 현재 환경에서 돌봄 대상자의 명시적 동의를 받아 돌봄 로봇이 활용되고 있다는 증거를 찾아보기 어렵다.

이런 고려사항은 돌봄 로봇이 가져오는 이점, 예컨대 돌봄 제공자의 신체적, 정서적 스트레스 감소, 돌봄 공백에 대한 노동력 보완, 지속 모니터링을 통한 돌봄의 질 향상에 대한 기대 등으로 충분히 상쇄될 수 있다고 볼 수도 있다. 특히 결과주의 관점에서 보자면, 몇몇 우려가 있다고 해도 양적으로 훨씬 더 큰 이득을 제공할 수 있으니 돌봄 로봇의 활용은 윤리적인 선택이다. 그러나 정말 그런가.

돌봄 윤리는 그렇지 않다고 말한다. 당장 돌봄을 제공하기만 하는 것으로 돌봄의 위기는 해소되지 않는다. 예컨대, 노인 돌봄을 위해 로봇을 활용하면 기존의 인간 상호작용이 감소한다(Lin et al., 2023). 이때, 노인은 기술적으로는 돌봄을 받고 있지만, 진정한 인간적 연결과 상호 인정의 경험은 박탈당한다. 돌봄이 단순한 필요 충족이라면 상관없을지도 모른다. 그러나 돌봄은 관계적 실천이다. 돌봄은 돌봄받는 이를 단순한 수혜자로 놓아두지 않고, 자신의 존재가 인정받고 가치 있게 여겨지는 경험을 제공하여 그의 삶을 유지시킨다. 그러나 로봇은 아무리 정교해도 이러한 상호적 인정과 진정한 관심을 제공할 수 없으며, 오히려 돌봄을 효율성과 기능의 문제로 축소시킨다.

로봇 돌봄이 필연적인 선택이라고 해도, 그 기술을 어떤 관점에서 활용할 지 검토해야 하는 이유가 여기에 있다. 그리고 우리는 로봇이 '돌볼 수 있게' 만들기 위해서라도, 돌봄 윤리를 살펴야 한다.

참고문헌

신지혜 외(2024). 《기후 돌봄: 거친 파도를 다 같이 넘어가는 법》.

산현글방.
정은주(2025.3.24). “동작 감지 알림·실시간 대화… AI 돌봄로봇, 가족이 되다”. 한겨레. https://www.hani.co.kr/arti/society/society_general/1188474.html
Dowling, E.(2021). *The Care Crisis: What Caused It and How Can We End It?*. Verso.
Huffman, M.(2025.3.12). AI-powered robots may be in-home caregivers in the near future. Consumer Affairs. https://www.consumeraffairs.com/news/ai-powered-robots-may-be-in-home-caregivers-in-the-near-future-031225.html
Hung, L. et al.(2025). Ethical considerations in the use of social robots for supporting mental health and wellbeing in older adults in long-term care. *Frontiers in Robotics and AI, 12*, 1560214.
Lin, G.-Y. et al.(2023). Factors affecting family caregivers' behavioral intention to use socially assistive AI robots for elderly care within their own home environment. *International Journal of Human-Computer Interaction, 40*(22), pp.7286~7296.
Shin, H. & Jeon, C.(2024). The robotic multi-care network: A field study of a “robot grandchild” in South Korea. *East Asian Science, Technology and Society: An International Journal, 18*, pp.177~195.
Wessling, B.(2025.7.16). Diligent Robotics completes 300,000 pharmacy deliveries with Moxi. The Robot Report. https://www.therobotreport.com/diligent-robotics-completes-300000-pharmacy-deliveries-with-moxi/

02
돌봄 윤리: 관계성

개인 중심이 아닌 관계 속에서 이루어지는 윤리에서 돌봄을 바라본다. 전통 윤리학은 주체의 판단을 강조했지만, 실제 돌봄은 타인의 요구와 관점에서 출발한다. '나'에서 '우리'로의 전환은 자아가 본래부터 타인과의 관계 속에서 형성됨을 보여준다. 철학적 검토는 돌봄이 상호적 관계의 본질적 조건임을 드러낸다. 또한 AI와 로봇의 돌봄에서도 관계성은 핵심이다. 제공자 · 로봇 · 대상자 간 협력적 구조 속에서 돌봄은 수행되며, 이는 인간 존재와 윤리의 새로운 지평을 제시한다.

노래하는 AI 보컬?

돌봄과 관계

돌봄은 두 사람 사이에서 벌어진다. 물론, 개인이 스스로를 돌보는 일이 있으므로 두 사람 사이에서 벌어지지 않는 경우도 있지 않냐고 물을 수 있다. 그러나 자기-돌봄은 주체가 자기 몸(또는 마음)과 관계 맺는 것으로서 관계의 특수한 형태다. 애초에 내 몸이 내 의도대로(또는 이성의 주관대로) 움직이고 모든 것이 관리 가능하다면 자기-돌봄 같은 것은 필요하지 않다. 내 몸이 나를 벗어나기에(또는 반대로, 이성은 '나'의 중심에 있지 않기에) 나를 돌보아야 한다.

이 단순한 명제가 돌봄을 생각하는 것을 무척 복잡하게 만든다. 사실, 우리의 생각은 개인에서 출발한다. 세상은 나를 주인공으로 구성되고, 이 세상에 있는 것들을 인식하는 것은 나이며, 세상의 좋고 나쁨을 판단하는 일차적인 기준 또한 나다. 물론, 이런 유아적인 '나'는 교육과 성찰을 통해 확장되어 공동체 너머 보편을 수렴하게 되고, 나는 다른 이들을 충분히 고려하는 가운데 나의 세상을 구축하고 이해하며 판단한다.

이것이 철학의 일반적인 정식이라면, 여기에서 빠진 것을 확인할 수 있다. 내 옆에 있는 사람과의 관계 말이다. 존재론이나 인식론까지 다루는 것은 너무 범위가 넓

으니, 윤리로 좁혀 생각해 보자. 전통적인 윤리의 정식들은 나를 판단 기준의 중심에 놓는다. 법칙 수립자로서의 주체, 이득 극대화의 계산자로서 주체, 덕 함양자로서의 주체가 대표적인 윤리 이론의 근거에 놓인다. 나는 보편적인 법칙을 따져 물을 수 있는 자다. 나는 가장 많은 사람에게 이득을 끼칠 결과를 따져 물을 수 있는 자다. 나는 이 사회가 가치를 부여하는 덕을 추구하여 그것에 따라 나를 빚어내는 훈련을 할 수 있는 자다. 이렇게 하면 내 옆에 있는 사람에게도 자연스럽게 좋은, 옳은 일을 하게 될 것이다. 따라서 내 옆에 있는 사람을 굳이 따져 물을 필요는 없다.

그런데, 꼭 그렇지는 않다. 너무 멀리 갈 필요 없이 당장 가족을 생각해 보자. 나는 아내를 챙긴다며 아침 식사를 준비하며 모든 식기와 음식을 필요량이라고 생각하는 만큼 준비한다. 아내는 답한다. "나는 이 음식은 싫고 이만큼 먹지도 않을 거야." 왜 그는 자신의 건강과 필요를 고려한 나의 의도를, 계산을 무시하는가. 그는 지금 이성적인 판단을 내릴 수 없는 상태니, 그의 말을 무시하고 억지로 먹여야 하는 것 아닌가.

아니다. 누구도 그런 접근을 좋다고 말하지 않을 것이다. 그리고 여기에서 전통 윤리의 한계를 엿본다. 나의 관점이 아무리 보편적인 판단을 고려한다고 해도, 상대방의 판단은, 계산은 다를 수 있다. 단순하게 가족의 예를 들었지만, 나는 의료 환경에서 매일 이런 상황들을 접해 왔다. 의료인으로 내가 제시한 의견이 환자의 관점과 다른 경우들. 이때 의사만 맞다거나 환자만 맞다고 말하는 주장은 적절하지 않다. 둘 다 어느 정도는 맞는 부분이 있을 것이다. "내 말도 네 말도 모두 맞다"는 황희 정승 같은 말을 받아들인다고 치자. 그런데, 그러면 어떻게 해야 하는가?

다시, '두 사람 사이'라는 말을 생각해야 한다. 둘 사이의 관계에서 돌봄은 출발하며, 따라서 좋고 나쁨과 옳고 그름의 판단도 관계에서 이루어져야 한다. 관계에서 판단이 이루어진다는 말은 쉽게는 논의나 타협 등을 떠올리게 한다. 하지만 꼭 그런 것은 아니다. 애초에 판단 기준이었던 '나'에서 벗어나 '우리'를 판단 기준에 놓는 것이다. 우리에게 좋은 것, 옳은 것이 무엇인지 따져 묻는 것이 돌봄 윤리의 출발점이다.

'나'에서 '우리'로

하지만 이것은 집단주의나 전체주의, 나보다 집단이나 전체를 우선하라는 주장이 아니다. 오히려, 지금 여기의 내가 다른 사람과 무관하게 단독적으로 있다는 생각에서 벗어나야 함을 의미한다.

두 관점의 대조를 잘 보여주는 것으로 우리는 하이데거를 극복하려는 레비나스의 노력을 살필 수 있다. 당연히 철학자들이 관계를 검토하지 않거나 무시한 것이 아니다. 예컨대, 독일의 대철학자 하이데거는 우리 현존재, 여기에서 존재에 대해 질문을 던지는 실존자가 타인과 언제나 함께-있음(Mitsein)을 강조했다(Heidegger, 1927/1953). 우리는 타인들과의 구체적인 관계 속에서 존재하며, 그들을 통해서만 나의 존재가 가능하다. 따라서 우리는 공동현존재(Mitda-sein)다.

하지만 그런 타인들과의 관계는 나의 존재 조건이면서도 나를 억압하는 조건이기도 하다. 이들의 일상성은 우리를 포획한다. 이들 세인(das Man)은 대중성을 통해 우리의 고유성을 지워버린다. 남는 것은 평범함의 지배, 애매함으로의 퇴락일 뿐이다.

레비나스는 공동현존재와 세인을 '나'와 같은 현존재로 설정한 하이데거의 논의를 비판한다. 그것은 타인을 나와 동일한 존재로 환원하는 총체성의 논리다(쉽게 말하면, 내가 세인의 평범함에 포획되는 이유는 나의 평범함과 나의 포획 의지를 그들에게 덧씌웠기 때문이다).

대신 레비나스는 타자의 얼굴(visage)을 말한다. 그것은 개별 타인의 얼굴의 현상을 말하는 것이 아니라, 내 이해나 범주로 환원될 수 없는 절대적 타자성을 가리킨다. "나를 죽이지 말라"는 타자의 얼굴의 명령은 나에게 현현하기 전에 이미 말해지고 있다(Lévinas, 1947). 언제나 나를 초월하는 타자의 초과로 인해, 나는 타인에 대한 책임을 지는 자로서 여기에 불러진다(표현을 둥글리면, 타인을 통해 엿볼 수 있는 타자의 무한함으로 인해 그들을 보존할 책임이 나에게 부여된다는 뜻이다).

다시 말해, 나는 타자와 억압 관계에 있지 않으며, 나 또한 타자를 완전히 억압할 수도 없다. 타자와의 윤리적 만남이 자아 형성에 선행한다(강영안, 2005).

돌봄 윤리에서 '나'에서 '우리'로의 전환은 이러한 철학적 흐름을 따른다. 물론 레비나스의 비대칭적 책임의 정식은 너무 급진적이라서 돌봄 윤리의 기반을 형성하는 것과는 약간 거리가 있다. 단, 하이데거에 대한 레비나스의 비판, 즉 '나'를 통한 타인의 환원과 전체화를 거부하고, 대신 나와 타자의 (윤리적) 관계를 출발점으로 삼는 것을 돌봄 윤리는 공유한다.

이렇게 주장해 볼 수 있을 것이다. 주체성은 애초부터 관계적으로 구성된다. 우리는 타인의 돌봄을 받으며 태어나고 성장하며, 언어와 문화를 통해 타자와의 관계 속에서 자아를 형성한다. 따라서 '독립적 개체로서의 나'라는 관념 자체가 허구적이며, 돌봄은 인간 존재의 근본 조건이다. 또한 진정한 돌봄은 일방적 제공이 아닌 상호적 관계에서 발생한다. 이는 주체-객체의 이분법을 넘어선 윤리의 실현을 좇는다.

관계성과 돌봄 AI

그러나 AI와 로봇의 돌봄을 따져 묻기에 관계성은 불필요한 부분처럼 여겨진다. 우리가 동료 인간과 맺는 관계를 로봇과 반복하지 않는다면, 관계성은 고려할 필요가 없는 것은 아닌가?

그렇지 않다. AI와 로봇의 돌봄 윤리는 필연적으로 관계성을 전제해야 한다. 첫째, 아직 AI와 로봇이 단독적인 책임을 질 수 있는 존재가 아니라면, 돌봄 상황에서 우리는 언제나 돌봄 제공자와 보조 돌봄 AI 및 로봇, 그리고 돌봄 대상자 셋의 관계를 살펴야 한다. 로봇 돌봄은 돌봄 제공자와 로봇의 공동 활동으로 제공되지, 로봇 단독으로만 이루어지지 않는다. 그리고 여기에서 돌봄 제공자와 대상자가 맺던 관계가 로봇의 개입으로 변화되는 것이다. 둘째, 가까운 미래, AI와 로봇이 제한적이든 전체적이든 책임을 질 수 있는 존재가 된다면(즉, 일반 인공지능의 수준에 도달한다면) 우리는 지금 동료 인간과 맺는 관계와 같은 것을(또는 약간 다른 것을) AI와 맺게 될 것이며, 이때 관계성에 대한 검토는 더 중요해진다.

후자는 인간 간의 관계에 가까울 것이므로, 여기에선 돌봄 제공자, 보조 돌봄 AI, 돌봄 대상자 셋이 이루는 관계를 간략히 생각해 보자. 일상적인 상황에선 이런 관계를 경험할 일이 많지 않으나, 의학 교육 환경에서 교수자-학생-환자의 경험을 비슷한 사례로 들어볼 수 있을 것이다. 여기서 돌봄의 기획, 관리, 책임은 교수자에게 있으나 구체적인 수행은 학생의 손에 맡겨진다. 환자는 구체적인 돌봄 실천을 제공한 학생에게 일차적인 애착을 느끼겠지만, 교수자 없이 그 돌봄은 불가능했음을 알고 있다. 또한 복잡한 치료는 교수자가 직접 제공하기에 돌봄 역할은 이중적으로 수행된다.

비슷하게, 현재 돌봄 AI 및 로봇의 활용은 돌봄 제공자의 기획, 관리, 책임 아래 이루어져야 한다. 역할의 분담과 그 선에 대해 제공자와 대상자는 함께 검토할 필요가 있으며, 이것이 돌봄 제공자를 '대체'하는 것이 아니라 돌봄이 이중적으로 수행된다는 점을 명확히 해야 한다.

이런 책임이나 역할 분배를 넘어, 셋이 이루는 돌봄 관계는 돌봄의 질문을 셋 사이에 둔다는 것을 의미하기도 한다. 돌봄 제공자, 돌봄 AI 또는 로봇, 돌봄 대상자가 함께 만드는 '팀'에서 돌봄에 대한 판단과 파악이 시작된다(Nyholm, 2023). 아직 우리는, 나를 정의하는 데서 비인간을 포함시키는 것에 익숙하지 않다. 그러나 돌봄 AI를 생각함은 이들 인공 행위자가 나를 정의하는 요소의 일부임을 받아들이는 일을 포함한다. 마치 애완동물에서 반려동물이 되었듯, 돌봄 로봇 또한 반려 로봇으로 인식하는 것. 그렇다면, 이들은 우리의 도덕적 고려의 대상에 포함되어야 한다.

참고문헌

강영안(2005). 《타인의 얼굴: 레비나스의 철학》. 문학과지성사.

Heidegger, M.(1927/1953). *Sein und Zeit*. Max Niemeyer Verlag. In Stambaugh, J.(trans., 1996). *Being and Time: A Translation of Sein und Zeit*. State University of New York Press.

Lévinas, E.(1947). *Le temps et l'autre*. Presses universitaires de France. 강영안·강지하 옮김(2024). 《시간과 타자》. 문예출판사.

Nyholm, S.(2023). *This is Technology Ethics*. Wiley-Blackwell. 윤준식·박형배 옮김(2025). 《이것이 기술윤리다: 인공지능 시대의 철학 나침반》. 그린비.

03
돌봄 윤리: 조율

돌봄은 의도, 결과, 성향 측면에서 탐구해야 한다. 이때, 돌봄은 단순한 행위가 아니라 마음과 태도에서 비롯되며, 좋은 돌봄은 올바른 의도와 유익한 결과 모두를 필요로 한다. 돌보는 이의 성품과 민감성이 중요하며, 이는 상대방의 구체적 요구와 상황에 맞게 조율되는 과정에서 드러난다. AI 돌봄에서 AI가 진정한 미덕은 갖추지 못하더라도 일정한 성향과 결과를 통해 돌봄의 보완적 역할을 할 수 있다. 결국 돌봄은 관계적 조율과 실질적 성취를 동시에 요구하는 윤리적 실천이다.

인공지능과 편향?

의지, 결과, 성향으로서의 돌봄

돌봄을 이야기할 때 받는 질문 중 하나는 돌봄이 어디에서 나와야 하냐는 것이다. 돌봄은 마음인가, 아니면 행위인가? 돌봄이 행위인 것은 분명하다. 우리가 누군가를 보살핀다고 할 때, 일반적으로 떠올리게 되는 것은 상대방을 위한 실천이기 때문이다. 하지만 돌봄은 마음이기도 하다. 보살핌받는 이를 향한 마음 없는 돌봄은 어딘가 어색하다. 때로, 물리적으로 멀리 떨어져 있는 이도 우리는 보살피곤 하는데, 그때 우리는 물리적으로 무언가를 하지 못하더라도 계속 상대방을 떠올리며 그가 어떤 상태에 있는지 궁금해 한다. 아마, 유학길에 있는 자녀를 보살피는 부모의 마음이 먼 거리에 있는 이를 보살피는 일의 전형일 것 같다.

이 질문이 놓이는 자리는 사실 무엇이 돌봄인지 따져보기보다, 돌봄 윤리를 정의하려는 노력에 있다. 돌봄의 선악은 의도로 따져야 하는가, 아니면 결과로 따져야 하는가? 다시 말해, 좋은 의도에서 주어진 돌봄이면 좋은 돌봄인가? 아니면, 좋은 결과를 낳는 돌봄이어야 좋은 돌봄인가? 이 질문은 답하기가 생각보다 쉽지 않다. 왜냐하면, 둘 중 하나를 포기하기가 쉽지 않기 때문이다.

결과를 따져야 한다고 말하는 것은 당연해 보인다. 누

군가를 돌보면서 능숙하게, 또는 편안하게 돌보지 못할 때 그것을 좋은 돌봄이라고 말하기는 쉽지 않다. 아이를 돌보면서 계속 아이를 울리는 이를 아이를 잘 본다고 말할 수는 없는 일이다. 하지만 한편, 돌봄의 결과만 가지고 그 좋고 나쁨을 말하기는 쉽지 않다는 것을 알게 되는데, 그것은 우리가 계속 딴 생각을 하거나 심지어 나쁜 마음을 먹은 채로 앞에서만 잘 하는 이에게 잘 보살피고 있다고 말하지 않기 때문이다. 다시, 아이의 예로 돌아가서 어떤 선생이 아이가 잘 되든 잘못 되든 아무 관심도 없지만, 아이를 가르치는 기술은 괜찮다고 해 보자. 이때 그가 능숙한 교사일지는 몰라도, 그를 좋은 교사라고 평가하긴 어렵다.

의도와 결과가 모두 요구된다면, 차라리 다른 각도에서 접근하는 게 낫지 않을까. 차라리 행위가 어떠한지 묻지 말고 행위자에 대해 묻는 게 더 나은 선택일 수도 있겠다. 돌보는 이가 탁월한 돌봄의 성품을 지녔다면, 그런 성품에서 나오는 의도와 실천은 자연스레 좋은 돌봄일 수 있지 않을까. 예컨대, (상대방에 대한) 주의 집중, 동정심, 민감성과 같은 성품(미덕)을 지닌 자가 잘 돌볼 수 있을 것이라고 말하는 것은 자연스러워 보인다. 게다가, 여러 돌봄에 관한 논의는 돌봄의 정서적 차원에 대해 논의해 왔고, 동정심 또는 공감은 대표적으로 돌봄에서 요구되는 정서적 덕목이라고 말해도 좋을 것이다. 이런 덕 이론적 접근은 돌봄 윤리에 관한 논의에서 상당한 위치를 확보했다(Slote, 2007).

그러나 덕을 말한다고 의도와 결과가 모두 충족되는 것은 아니다. 키테이는 '시들어 가는 식물' 사고 실험을 통해 돌봄이 무언가를 성취해야 한다는 것을 보인다(Kittay, 2019). 누군가 식물을 보고 보살피려고 식물 옆에 놓인 물을 붓는다. 그는 식물이 물을 필요로 함을 깨달을 만큼 주의를 기울였고, 식물이 목마를 것에 대해 염려한다. 여기까진 좋다. 그러나 사실 그가 물이라고 생각하고 집어든 것은, 다른 사람이 요리를 위해 준비해 놓은 식초였다. 그렇다면 그의 행동을 좋은 돌봄이라고 말할 수 있을까. 그렇지 않을 것이다(물론, 이 사고 실험에서 시들어 가는 식물을 보고도 아무런 마음의 반응을 보이지 않는 사람을 돌보는 자라고 말할 사람은 없을 것이다).

결국, 좋은 돌봄이려면 최소한 두 가지가 필요하다. 하나는 돌보는 자의 성품이다. 그는 보살핌받는 이를 향한 어떤 돌봄의 성향을 내재하고 있어야 한다. 다른 하나는 돌봄 행위로 인한 성취다. 돌보려는 노력은 대상자에게 대한 어떤 결과로 현실화되어야 한다. 물론, 여기에 돌보려는 의도 또는 의지가 있으면 더 좋을 것이다.

조율하기

이를 표현하는 여러 단어를 가져올 수 있겠지만(사실, 딱 맞는 단어가 없다는 뜻이기도 하다), 나는 조율(attunement)이라는 단어를 생각한다. 돌봄 상황에서 나의 성향이 발현되어 나를 돌봄으로 이끌지만, 그것은 상대방에게 맞춰진 방식으로 발휘되어야 한다. 돌봄은 언제나 관계 사이에 놓이며 그 관계 속에서만 돌봄이 발휘된다는 관계성의 정식은 자연스럽게 조율로 이어진다. 일차적으로 돌봄은 보살핌받는 이의 필요와 요구에 조율하는 일이다. 또한 이차적으로, 돌봄은 돌봄에 참여하는 서로가(즉, 돌보는 이와 보살핌받는 이가) 타인의 필요와 요구에 조율하는 일이기도 하다(이 서로를 향한 측면은 다음, 상호 주관성에서 더 구체적으로 살핀다).

다시 말해, 돌봄의 의도와 실천에서 핵심은 돌보는 자의 성향과 행위가 돌봄받는 자의 구체적 필요와 상황에 맞춰지는 데에 있다. 이는 단순히 일반적인 돌봄 기법이나 실천을 적용하는 것을 의미하지 않는다. 조율은 각 개인의 고유한 취약성, 선호, 그리고 맥락적 조건들을 민감하게 파악하고 그에 적합한 방식으로 돌봄을 제공하는 것을 의미한다. 예를 들어, 어떤 환자는 악수와 포옹 등 신체적 접촉과 떠들썩한 분위기를 통한 위로를 선호할 수도 있다. 하지만 다른 환자는 조용히 함께 머무는 것을 원할 수도 있다.

조율된 돌봄이란 먼저 이러한 개별적 차이를 인식하고, 자신의 돌봄 성향을 상대방의 실제 필요에 맞게 조정하여 발휘하는 것이다. 이때 중요한 것은 돌보는 자가 자신의 선입견이나 편의가 아닌, 돌봄받는 자의 관점에서 그들의 필요를 이해하려는 지속적인 노력이다.

조율과 돌봄 AI

이런 조율의 정식을 돌봄 AI에 적용한다는 것은 돌봄 AI를 판단하는 기준이 다음 두 가지로 이루어진다는 것을 의미한다. 첫째, 돌봄 AI가 나타내는 성향이 돌봄에 맞춰질 수 있는가. 둘째, 돌봄 AI의 실천이 돌봄에 충분한 결과를 도출할 수 있는가.

물론, 우리는 아직 인간의 미덕이나 내적 성향의 내적 작동 방식을 알지 못하므로, AI나 로봇에게 그런 성향을 만들어 내는 알고리듬을 내장할 수는 없을 것이다. 그러나 AI나 로봇이 이런 돌봄 성향을 따라 행동하도록 설계

하거나 훈련시키는 것은 가능하다(Constantinescu and Crisp, 2022). 덕 윤리의 관점에서 이것은 덕을 함양했다고 말하기 어렵고, 따라서 미덕을 기반으로 하여 돌봄 AI와 로봇을 따지는 것이 잘못이라고 말할 수도 있겠다. 그러나 조율을 말하는 돌봄 윤리는 이미 엄밀한 의미에서의 덕 윤리를 어느 정도 벗어난다.

돌봄 AI가 진정한 미덕을 보이지 못하더라도(즉, 상응하는 내적 기질을 지녔다고 말할 수 없다고 해도) 우리는 그 AI와 로봇이 어떤 '경향성'을 지니고 있음을 쉽게 떠올릴 수 있다. 예컨대, ChatGPT-4o와 GPT-5의 대답 경향에는 차이가 있으며, 2025년 8월 GPT-5가 처음 공개되었을 때 몇몇 사용자들은 성능과 상관없이 이전 모델을 돌려달라고 요구했다(Roth, 2025.8.9). 2025년 현재 주도 생성형 AI 모형은 같은 트랜스포머 모델에 기반을 두고 있으나 그 반응 패턴에는 차이가 있으며, 이는 훈련, 보상 등 과정에서 개발사가 어디에 더 초점을 맞추느냐에 따라 나타난다. 예컨대, '정직한' 답을 내놓도록 훈련되었다는 XAI의 그록(Grok)은 나치즘을 옹호하는 글들을 작성하여 결국 개발사가 '부적절한 응답'에 대해 사과하기도 했다(Snoswell, 2025.7.14).

따라서 이미 AI가 '성향'을 나타내고 있다는 점에서,

우리는 돌봄 AI와 로봇의 성향이 보살핌받는 이에 맞춰질 수 있는지 물어야 한다. 이 질문은 기술적 난점(예컨대, 현재의 트랜스포머 모델은 매우 느린 학습자다)에 처해 있으며, 따라서 돌봄 AI의 방향성으로 설정될 필요가 있음을 지적하는 것으로 마무리하자.

다음, 둘째 기준인 돌봄 AI의 실천의 충분성은 AI가 실제로 돌봄받는 이의 필요를 효과적으로 충족시킬 수 있는가를 가리킨다. 여기서 충분성이란 완전성을 의미하지 않는다. 오히려 그것은 구체적인 돌봄 상황에서 의미 있는 도움을 제공할 수 있는 능력, 즉 보살핌받는 이의 실질적 필요에 부응하는 결과를 만들어 내는 능력을 뜻한다.

돌봄 AI의 몇몇 사례는 이런 충분성을 나타내고 있다고 주장하나, 아직 더 많은 검증이 필요하다. 또한 돌봄 AI의 충분성에는 명확한 한계가 있다. 예컨대 돌봄 AI는 예상치 못한 상황에서 부적절한 반응을 보일 수도 있다. 깊은 인간적 연결이나 존재론적 위로를 돌봄 AI가 흉내 내거나 '비슷하게' 제공할 수 있다고 해도, 그것이 진정한 연결이나 위로인가에 대한 질문은 앞으로도 난문으로 남을 것이다.

그렇기에 돌봄 AI의 충분성은 인간 돌봄을 완전히 대

체하는 능력이 아니라, 인간 돌봄 제공자와 협력하여 전체적인 돌봄 생태계를 풍성하게 만드는 보완적 지지의 관점에서 이해되어야 한다. 중요한 것은 AI의 한계를 명확히 하고, 돌보는 이가 적절히 AI를 활용할 수 있도록 하는 '조율의 틀'을 구성하는 데에 있다.

참고문헌

Constantinescu, M. & Crisp, R.(2022). Can robotic AI systems be virtuous and why does this matter?. *International Journal of Social Robotics, 14*(6), pp.1547～1557.

Kittay, E. F.(2019). *Learning from My Daughter: The Value and Care of Disabled Minds.* Oxford University Press. 김준혁 옮김(2023). 《의존을 배우다: 어느 철학자가 인지장애를 가진 딸을 보살피며 배운 것》. 반비.

Roth, E.(2025.8.9). ChatGPT is bringing back 4o as an option because people missed it. The Verge. https://www.theverge.com/news/756980/openai-chatgpt-users-mourn-gpt-5-4o

Slote, M.(2007). *The Ethics of Care and Empathy.* Routledge.

Snoswell, A. J.(2025.7.14). How do you stop an AI model turning Nazi? What the Grok drama reveals about AI training. The Conversation. https://theconversation.com/how-do-you-stop-an-ai-model-turning-nazi-what-the-grok-drama-reveals-about-ai-training-261001

04
돌봄 윤리: 상호 주관성

돌봄을 평가하는 객관적 기준은 아동이나 환자를 보호하고 기본 욕구를 충족시키는 보편적 지침을 제공하지만, 개인의 고유한 요구를 무시할 수 있다. 그러나 반대로 돌봄의 주관적 기준만 강조하면 돌봄 정책과 실천에 혼란을 초래한다. 이에 대한 대안으로 상호 주관성이 제시된다. 이는 돌보는 이와 돌봄받는 이가 함께 의미를 공유하고 협상하는 과정이다. AI 돌봄에서 상호 주관성은 개인화 · 피드백 · 맥락 · 참여의 필요성을 강조한다.

청각장애인과 AI?

돌봄의 결과를 평가하는 것에 관하여

우리가 잘 돌보기 위해 노력했다고 하자. 그렇다면, 그것이 '좋은' 돌봄이었는지 어떻게 따져볼지에 대해 생각해 보아야 한다. 여기에서 크게 두 가지 접근을 생각해 볼 수 있을 텐데, 객관적인 접근과 주관적인 접근이 그것이다. 그리고 일반적으로 우리는 객관적인 접근에 익숙하다.

구체적인 사례를 놓고 생각해 보자. 내가 아기를 돌본다고 할 때, 이 돌봄이 좋은 것인지 아닌지 우리는 객관적인 기준에 호소한다. 누가 보아도 아기를 돌보는 데 적용해야 할 객관적인 잣대가 있다는 생각은 크게 틀린 것 같지 않다. 아기를 배고프게 해서는 안 되고, 잘 씻기고 충분한 휴식을 취할 수 있도록 도와주어야 한다, 아기는 스스로 불편한 것을 치우거나 해결할 능력이 없으므로, 돌보는 이가 그런 문제를 먼저 따져보고 도와주어야 한다, 위험한 일들에 노출시켜선 안 되고 외부의 해악들로부터 아기를 지켜야 한다, 등등. 아기를 돌볼 때 누구나 따라야 할 지침 같은 게 있으며 이를 충족시키지 못하면 아기를 잘 돌본 것이 아니라고 우리가 생각한다는 뜻이다.

이런 돌봄의 기준이 정해져 있는 것이 이상하지 않다고 생각하겠지만, '객관적'인 돌봄의 기준은 개인의 요구를 무시한다는 한계를 지닌다. 특히 돌봄의 영역에서, 우리는 보편적인 필요를 지니는 한편 개인적인 요구를 지닌다. 예컨대, 독감으로 앓아 누운 내 몸은 해열 진통제를 필요로 한다. 또 우리가 보통 죽과 미음을 찾는 반면 미국인들은 누운 자리에서 치킨 수프를 찾는다. 물론, 객관의 관점에선 적절히 영양 보충을 하고 소화가 편한 음식을 제공하면 되지 상대방이 원하는 음식에 맞춰 줄 필요는 없다. 그러나 미국인을 돌볼 때 죽을 준다면(반대도 마찬가지다), 그가 잘 보살핌을 받았다고 생각하긴 어려울 것이다.

사소한 예를 들었지만 돌보는 과정에서 이런 평가 상황을 만나는 것은 어렵지 않다. 환자를 볼 때 의료진은 객관적 의학적 기준에 따른 치료를 권하고 진행하려 한다. 하지만, 환자가 원하는 것이 다른 쪽일 때가 있다. 요양 시설은 객관적인 간병의 표준적 프로토콜에 따라 거주자를 대하려 한다. 하지만, 거주자에겐 다양한 요구가 있다. 이런 사안은 그저 사람마다 어떻게 다 맞춰주나, 라는 말로 내칠 수 있는 것인지도 모른다. 그러나 장애학에서는 이런 충돌이 심각한 문제가 되어 왔다.

장애라는 개념의 형성에 대한 계보학적 고찰을 할 수도 있지만, 범주를 벗어나므로 현대의 장애 개념이 형성된 것은 200년 정도 밖에 되지 않았다는 점에서 출발해 보자(김도현, 2019). 물론 그 이전에도 장애를 가진 이는 있었고 이들은 심지어 괴물 취급을 받았지만, 장애가 정책적인 고려와 의학의 대상이 되기 시작한 것은 식민과 전쟁 이후였다(Nielsen, 2012). 그리고 이들, '장애인'은 일차적으로 상이군인들이었기에 의학적 개입의 주안은 이들의 노동력을 다시 회복하는 것에 맞춰졌다(Gritzer and Arluke, 1989). 다시 말해, 장애의 필요는 객관적으로 비장애인으로의 회귀였고, 점차 이를 이행할 의무가 장애인 개인에게 부여되었다.

장애의 돌봄에서 객관적 기준은 비장애를 일차적으로 목표하는 치유다(Kim, 2017). 이런 '치유'를 기준으로 삼는 것은 장애인 개인과 집단을 향한 폭력으로 작용한다. 현실적으로 치료 방법이 없음에도 치료받기 위해 노력해야 한다는 것, 장애인 본인의 상황과 무관하게 비장애인에게 맞추어진 생활환경에 거주해야 한다는 것 자체가 폭력이라는 뜻이다. 그리고 이것은 돌봄의 객관적 기준을 고집할 수 없는 이유를 제시한다. 돌봄의 객관성은 개인의 고유성을 삭제하고, 심지어 일반적 기준에 돌봄 대상자를 맞추라는 강요가 된다.

상호 주관성과 돌봄의 평가

그러나 마냥 주관적인 기준을 제기할 수는 없다. 애초에 기준이 '주관적'이라면, 어떻게 평가를 해야 하는지도 난감하다. 이를테면 돌봄 정책을 수립하는 데서 당사자의 주관을 제일 기준으로 한다면, 정책을 어디에 맞추어 제시해야 하는가(Edwards, 2008). 꼭 정책이 아니라 해도, 우리가 어떤 돌봄 실천을 할 때도 마찬가지다. 돌봄 제공자로서 우리의 인간적 능력과 제공할 수 있는 돌봄의 실천에는 한계가 있다. 현실적인 상황 때문이라도, 돌봄은 무한히 '주관적'일 수 없다. 개인적인 차원에서 필요는 주관적이지만, 적어도 우리가 '기준'을 말한다면 그 논의는 주관적인 차원에 머물러 있기 어렵다는 뜻이다.

키테이는 이런 상황에 대해 보살핌받는 이의 수용을 강조했다(Kittay, 2019). 온전한 돌봄은 대상이 인정하고 감사할 수 있는 어떤 것이어야 한다. 또한 나딩스는 돌봄은 보살핌받는 이의 필요와 요구를 받아들이는 것, 나의 관심을 버리고 타인의 관심을 나의 것으로 가져오는 것이라고 말했다(Noddings, 1984). 이것이 돌보는 이를 지우거나 그의 필요를 무시하는 것이 아니라는 점에서, 그리고 돌봄은 언제나 처해진 상황과 맥락 안에서 행해진다는 점에서 이런 접근을 개인적, 단독적 '주관성'으로 해석하는 것은 오해의 소지가 있다. 돌봄이 언제나 관계 속에서 주어진다는 점을 고려할 때 우리는 돌봄의 기준으로 상호 주관성을 말해야 한다.

상호 주관성이란 개별 주체들이 각자의 주관적 경험을 바탕으로 하되, 타자와의 상호작용을 통해 공유되는 의미와 이해를 구성해 나가는 과정을 말한다. 이는 단순히 객관적 기준을 따르는 것도, 개인의 주관적 선호만을 존중하는 것도 아니다. 오히려 돌보는 이와 돌봄받는 이가 서로의 관점을 이해하고, 구체적 상황과 맥락 속에서 협상하며, 양자가 모두 인정할 수 있는 돌봄의 형태를 만들어 가는 것이다. 이런 상호 주관성은 돌봄의 관계적 본질을 반영하며, 개별성과 보편성을 모두 고려할 수 있는 평가 기준을 제공한다.

표현적으로는 단순할지 모르나 상호 주관성을 돌봄에서 검토하는 것은 쉬운 일만은 아니다. 무엇보다, 우리는 돌봄의 객관적 판단에 익숙하다. 또한 돌봄 상황에서 어느 한 쪽으로 힘이 쏠리는 일이 쉽게 일어난다(다시 말해, 돌봄 제공자가 대상자를 '휘두르는' 일을 상상하기가 어렵지 않다는 뜻이다). 따라서 상호 주관성의 정식이 비록 서로의 이해와 협상을 가리키지만, 현실에서 돌봄의 상호 주관성은 먼저 보살핌받는 이의 바람에서부터 출발한다. 단, 그것이 무조건적으로 달성되어야 함을 의미하지 않는다는 뜻이다.

키테이는 이를 이렇게 표현한 바 있다. "개인이 진정으로 마음을 쓰는 것은 진정한 필요(즉 충족하지 못하면 개인에게 진정한 해악을 끼치는 필요)와 적법한 요구(즉 타인의 동등하고 적법한 요구를 희생하지 않으면서 충족될 수 있는 요구)를 충족하는 것이다"(Kittay, 2019). 상호 주관적인 돌봄은 보살핌받는 이의 진정한 필요와 적법한 요구를 이룬다.

돌봄 로봇의 상호 주관성

특히 돌봄 AI와 로봇의 구현에 있어서 상호 주관성의 논의는 중요하다. 이전의 규칙 기반 전문가 알고리듬과 달리, 현재 AI와 로봇은 대규모 데이터를 통해 훈련된다. 특히 현재 AI 개발을 주도하고 있는 딥 러닝은 빅 데이터의 일반화를 통해 결과를 도출하며(Bengio and LeCun, 2007), 이것은 돌봄 AI 및 로봇 또한 일반화된 데이터의 결과, 즉 보편적, 객관적 기준을 통해 행동함을 의미한다. 간단히 말하면, 현재의 기술적 지평에서 돌봄 AI의 상호 주관성을 말하는 것은 아직 먼 미래에 대한 요구다.

현재의 맥락에서 돌봄 AI와 로봇이 진정한 돌봄을 수

행하려면, 일반화된 데이터에만 의존하는 것을 넘어설 필요가 있다. 그러나 아직 현재의 AI '학습'이 여기에 대한 답을 제공하기 어려울 것으로 판단되므로, 여기에선 상호 주관적 돌봄을 위한 기술적 필요 사항을 짚는 것으로 마무리한다.

첫째, 개별 사용자의 구체적 요구와 선호를 학습하고 적응하는 개인화 기능이 필요하다. 둘째, 사용자와의 지속적인 상호작용을 통해 피드백을 받고 이를 돌봄 방식에 반영하는 순환적, 재귀적 학습 과정이 구현되어야 한다. 셋째, 문화적, 사회적 맥락을 고려하여 획일적인 돌봄이 아닌 처해진 돌봄을 제공할 수 있어야 한다. 마지막으로, 사용자가 돌봄의 과정에 능동적으로 참여할 수 있도록 하는 인터페이스와 의사 결정 구조를 마련해야 한다.

AI 돌봄 시스템이 단순히 효율적인 서비스 제공자가 아닌, 진정한 돌봄 관계의 한 축이 되기 위해선 이들 사항이 검토되어야 하며, 이는 단지 '기술적' 해결만으로 달성할 수 있는 논의들은 아니다. 개인화, 피드백, 상황성, 참여의 요구는 AI와 돌봄에 대한 사회 정치적 요청이기도 하며, 이를 반영하기 위해선 우리의 돌봄 논의가 확장될 필요가 있음을 상호 주관성의 정식은 지적하고 있다.

참고문헌

김도현(2019). 《장애학의 도전: 변방의 자리에서 다른 세계를 상상하다》. 오월의봄.

Bengio, Y. & LeCun, Y.(2007). Scaling learning algorithms towards AI. In Bottou, L. et al.(eds.). *Large Scale Kernel Machines*. MIT Press.

Edwards, S. D.(2008). Definitions of disability: ethical and other values. In Kristiansen, K. et al.(eds.). *Arguing about Disability: Philosophical Perspectives*. Routledge. 김도현 옮김(2020). 《철학, 장애를 논하다: 메를로-퐁티와 롤스에서 호네트와 아감벤까지》. 그린비.

Gritzer, G. & Arluke, A.(1989). *The Making of Rehabilitation: A Political Economy of Medical Specialization, 1890-1980*. University of California Press. 전인표 옮김(2019). 《재활의 역사: 의료 노동분업의 정치경제학, 1890-1980》. 그린비.

Kim, E.(2017). *Curative Violence: Rehabilitating Disability, Gender, and Sexuality in Modern Korea*. Duke University Press. 강진경·장진영 옮김(2022). 《치유라는 이름의 폭력: 근현대 한국에서 장애·젠더·성의 재활과 정치》. 후마니타스.

Kittay, E. F.(2019). *Learning from My Daughter: The Value and Care of Disabled Minds*. Oxford University Press. 김준혁 옮김(2023). 《의존을 배우다: 어느 철학자가 인지장애를 가진 딸을 보살피며 배운 것》. 반비.

Nielsen, K. E.(2012). *A Disability History of the United States*. Beacon Press. 김승섭 옮김(2020). 《장애의 역사: 침묵과 고립에 맞서 빼앗긴 몸을 되찾는 투쟁의 연대기》. 동아시아.

Noddings, N.(1984). *Caring: A Feminine Approach to Ethics & Moral Education*. University of California Press.

05
돌봄 윤리: 역능 강화

돌봄의 목표는 단순한 당장의 욕구 충족이 아닌, 장기적 성장과 피어남으로 설정되어야 한다. 아이 양육이나 기후 위기 대응처럼 돌봄에서 즉각적 선호를 따르는 것은 문제를 유발할 수 있다. 돌봄은 관계 속에서 서로의 역량을 키우는 과정, 순간적 편리함이 아니라 함께 성장하는 역동적 실천이다. 피어남은 돌보는 이와 보살핌받는 이 모두의 성장과 상호적 목표의 성취를 의미하며, AI 돌봄 역시 사용자의 자율성, 인간관계, 장기적 성장을 지원해야 한다.

AI 콘텐츠 크리에이터?

돌봄의 목표

돌봄을 함께 평가한다면, 즉 너와 나의 관점이 만나는 곳에서 우리가 돌봄을 이야기해야 한다면, 그 돌봄은 어디로 가는가? 다시 말해, 돌봄의 목표는 무엇이어야 하는가?

적어도 좋은 돌봄은 당장의 쾌나 선호를 목표로 하기 어렵다. 이는 아이를 돌보는 상황에서 명확히 드러난다. 아이가 공부하기 싫다며 자신은 지금 해야 할 더 좋은 일이 있다고 말할 때, 당장의 선호만 생각한다면 아이의 공부를 잠깐 유예하는 것은 별로 문제가 되지 않을 것이다. 그것은 아이의 선호를 존중하는 일이며, 부모의 노력도 소진하지 않는 선택이다. 어느 쪽으로 봐도 해가 될 것은 없다. 그러나 장기적으로 볼 때 이런 유예의 반복은 문제가 된다.

기후 변화(이제는 기후 위기로 불러야 하지만)와 관련하여, 저명한 윤리학자 피터 싱어는 일반적인 생활 습관을 바꾸는 것이 필요하긴 하지만 개인의 노력은 탄소 배출권과 같은 거시 정책을 옹호하는 집단적인 노력에 조금 더 맞추어져야 한다는 주장을 펼친다(Singer, 2011). 이것은 당장 중요하지 않은 일들, 심지어 사람들의 선호가 그렇게 높지 않은 일들은 뒤로 유예하자는 생각(물론,

원 논증은 "더 중요한 일에 집중해야 한다"이지만, 둘은 동전의 양면이다)이다.

그러나 우리는 파리 기후 협정과 같은 집단적인 노력이 어떻게 실패하고 있는지를 보고 있으며, 또한 모두의 생활 습관이 바뀌었던 코로나19 시기 잠시 동안이라도 환경이 어떻게 변했는지를 이미 경험한 바 있다. 반대로 기후 위기에 대한 개인의 생활 습관 변화를 말하는 것은 무용하거나 덜 가치로운 일이 아니라, 지금 당장 우리가 해야 할 무엇이다. 물론 정책적인 변화도 유도해야겠지만, 무엇보다 지금 당장 할 수 있는 것들부터 하나씩 해야 한다.

그런데, '지금 당장 해야 할'의 당위에 어떻게 사람들을 끌어들일까. 해봐야 별로 효과도 없는 듯 보이고, 나 한 명 움직인다고 다른 사람들이 같이 따라 줄 것 같지도 않은 이런 일에 사람들이 매력을 느끼고 동참하기는 쉽지 않다. 무엇보다 "왜 해야 하는데?"라는 반문에 답할 길을 찾기가 쉽지 않다. 달리 말하면, 당장의 변화를 바라보고 있는 사람들에게 설득력 있는 목표를 제시하기 어렵다는 뜻이다.

여러 예시를 들 수 있지만, 나는 이것이 '지금 당장'만을 돌봄이 고려할 때 나타나는 보편적인 문제라고 생각한다. 돌봄 실천이 당장의 불편을, 보살핌받는 이의 필요를 채우려 노력하는 것은 사실이다. 그러나 그런 돌봄이 일회적이 아니라면(즉, 관계 속에서 행해진다면), 우리는 돌봄이 돌보는 이와 보살핌받는 이에게 장기적으로 미칠 영향을 생각해 보아야 한다. 그리고 나는 그런 '장기적 영향'을 생각하는 틀로 피어남을 권한다.

피어남을 향한 돌봄

피어남(flourishing)의 개념은 심리학, 경제학 등 여러 영역에서 사용되었다. 긍정심리학자 마틴 셀리그먼(Martin Seligman)은 저서에서 '플로리시한 삶'을 위한 긍정 정서, 몰입, 관계, 의미, 성취의 다섯 가지, 웰빙의 팔마(PERMA) 모델을 주장한 바 있다(Seligman, 2011). 이것은 단순한 행복과 구분되는 개념으로서, 이런 요소들이 충족될 때에만 개인은 성장하며 회복력 있고 목적적인 삶을 살 수 있다.

이런 셀리그먼의 심리학적 접근도 설득력 있으나, 여기에서 살피려는 피어남 개념은 아마르티아 센(Amartya Sen)과 마사 누스바움(Martha Nussbaum)으로부터 온 것이다. 센은 경제 발전을 개별 국가의 생산력이 아니라 그 시민이 가치로운 삶을 이끌어 갈 수 있는 능력에 기초해 평가해야 한다고 주장하였다(Sen, 1992). 이에 기초하여 누스바움은 열 가지 기본 역량을 제시하였고, 이런 역량을 가지고 자기 삶을 계발할 수 있을 때 사람들은 '번영'할 수 있다(Nussbaum, 2011). 비록 누스바움의 역량 목록에 모두 동의하진 않으나, 존엄한 삶을 누리기 위해서 각자에게 역량이 보장되어야 한다는 그의 주장은 여전히 시의성을 지닌다.

돌봄, 그리고 관계의 맥락에서 이런 역량 접근법은 돌봄 실천을 통해 두 사람이 어떤 역량을 만들고 구현해 나갈 수 있는지를 물을 것이다. 특히, 돌봄이 전제될 때 역량은 각자가 스스로 무언가를 이루어 낼 수 있는 능력을 벗어나, 돌보는 이와 보살피는 이가 현재 처해진 상황에서 무엇을 위해 노력하는지에 집중한다. 그것은 당장의 필요나 요구를 해결하기 위한 서로의 의존과 보살핌일 수도 있으며, 또한 두 사람이 돌봄을 통해 서로와 서로의 관계를 보듬고 더 나아가고자 하는 방향일 수도 있다.

이 모두를 나는 키테이를 경유하여 피어남이라고 부른다(Kittay, 2019). 피어남은 플로리시 또는 번영의 다른 역어이지만 그 함의 또한 다르다고 나는 생각한다. 먼저, 새싹이나 꽃에게 우리가 피어난다는 표현을 쓰는 것이 일반적일 텐데, 돌봄의 상황에서 피어남은 피어나는 자와 피워내는 이 모두의 과업이 된다. 식물의 꽃을 틔우고 피워내는 것이 가꾸는 자에게도 큰 기쁨이듯, 돌봄에서 피어남은 보살핌받는 이와 돌보는 이 모두의 목표다. 또한 피어나는 것은 단기적인 충족과 장기적인 성취 모두를 포함한다. 지금 꽃이 피지 않았다고 아무리 식물에게 영양제를 뿌리고 햇빛 아래 놓아두어 보아도, 피어남은 꽃의 시간에 일어난다. 하지만, 피어날 때까지의 돌봄 없이 꽃이 필 수는 없다.

피어남은 우리가 관계 속에서 서로를 통해 성장하고 변화하는 역동적 과정이라고 할 수 있다. 이는 단순한 개인적 성취나 만족과 달리, 돌보는 이와 보살핌받는 이가 상호작용을 통해 각자의 잠재력을 실현해 가는 상호적 번영을 의미한다. 피어남은 즉각적인 욕구 충족을 넘어서, 장기적으로 두 존재가 더 온전하고 자율적인 존재로 성장할 수 있는 조건을 만들어 간다. 이때 중요한 것은 피어남이 일방향적이지 않다는 점이다. 돌보는 이 또한 돌봄 과정에서 배우고 성장하며, 이러한 상호적 성장이야말로 진정한 돌봄의 목표가 되어야 한다.

AI 돌봄과 피어남

AI 돌봄의 윤리를 검토하는 데서 피어남 개념이 중요한 이유는, AI와 로봇은 당장의 필요를 채우는 것에 정향되는 방식으로 훈련될 것이기 때문이다. 다시, 〈월-E〉에 등장하는 미래 인류는 AI와 로봇의 돌봄 속에서 모든 필요를 충족하면서 살아간다. 그러나 그들의 삶이 만족스러운 것 같지는 않다. 지구 환경 파괴로 인하여 우주선에서 살고 있기 때문이 아니다. 그들에겐 삶의 목적이 주어지지 않는다. 여러 이유를 들 수 있으나, 당장 모든 것이 충족되는 삶에서 굳이 목적을 더할 필요가 없기 때문인지도 모른다.

물론, 당장의 AI와 로봇 돌봄은 보살핌받는 이를 능숙하게 잘 돌볼 수 있도록 하는 데에 모든 기술적 발전의 노력을 기울여야 한다. 그러나 그와 함께 AI 돌봄은 보살핌받는 이의 피어남을 지원할 수 있는 방향으로 설계되어야 한다. 이는 AI가 단순히 요청에 응답하는 수동적 도구가 아니라, 사용자의 장기적 성장과 자율성 증진을 촉진하는 능동적 동반자 역할을 할 수 있도록 하는 것을 의미한다.

예를 들어, AI 돌봄 시스템은 노인의 일상적 필요를 충족시키되, 동시에 그들의 인지적 · 사회적 · 신체적 역량을 유지하고 발전시킬 수 있는 활동을 제안하고 지원해야 한다. 이는 편의만을 추구하는 돌봄이 아니라, 사용자가 지속적으로 도전하고 성장할 수 있는 적절한 긴장(또는 신체적, 정신적, 사회적 항상성)을 유지하는 돌봄이다. AI는 의존성을 심화시키는 것이 아니라, 사용자의 잔존 능력을 최대한 활용하고 개발할 수 있도록 돕는 역할을 해야 한다.

한편, 생성형 AI에서 우리는 당장의 필요만 충족하는 AI가 어떤 악결과를 낳는지 목도하고 있다. 'AI 정신병(AI psychosis)'은 사용자가 AI와의 상호작용에만 의존하며 현실적 관계 형성 능력을 잃어가는 현상이다(Tiku and Malhi, 2025.8.19). 일부 사용자들이 ChatGPT나 AI 챗봇과의 대화를 통해서만 위안을 받으며, 실제 인간관계에서는 점차 소외되어 가는 사례들이 보고되고 있다. 이는 AI가 사용자의 즉각적 정서적 필요는 충족시키지만, 장기적인 사회적 역량 발달은 저해하고 있음을 보여준다.

따라서 피어남에 기초한 AI 돌봄은 다음 조건을 만족시킬 필요가 있다. 첫째, 독립성의 유지다. 돌봄 AI는 사용자의 모든 필요를 다 만족시키지 않고, 보살핌받는 이가 직접 해결할 수 있는 문제들은 직접 수행하도록 지지, 지원한다. 둘째, 인간관계로의 연결이다. 돌봄 AI는 사용자를 다른 인간과 연결시키고, 사회적 기술을 발달시킬 수 있는 기회를 제공하기 위해 노력한다. 셋째, 성장 지향적 피드백이다. 단순한 위로가 아니라, 사용자가 현실의 어려움을 극복할 수 있는 역량을 기를 수 있도록 건설적 피드백을 돌봄 AI는 제공해야 한다.

단, 이런 피어남을 위한 노력은 과도한 개입처럼 여겨질 수 있는데, 이에 대해선 9장에서 인공 돌봄 행위자를 논의하며 다시 검토할 것이다.

참고문헌

Kittay, E. F.(2019). *Learning from My Daughter: The Value and Care of Disabled Minds*. Oxford University Press. 김준혁 옮김(2023). 《의존을 배우다: 어느 철학자가 인지장애를 가진 딸을 보살피며 배운 것》. 반비.

Nussbaum, M. C.(2011). *Creating Capabilities: The Human Development Approach*. Harvard University Press. 한상연 옮김(2015). 《역량의 창조: 인간다운 삶에는 무엇이 필요한가?》. 돌베개.

Sen, A.(1992). *Inequality Reexamined*. Russell Sage Foundation.

Seligman, M.(2011). *Flourish: A Visionary New Understanding of Happiness and Well-being*. Free Press. 우문식·윤상운 옮김(2020). 《마틴 셀리그만의 플로리시: 긍정심리학의 웰빙과 행복에 대한 새로운 이해》. 물푸레.

Singer, P.(2011). *Practical Ethics*(3rd edition). Cambridge University Press. 황경식·김성동 옮김(2013). 《실천윤리학(제3판)》. 연암서가.

Tiku, N. & Malhi, S.(2025.8.19). What is 'AI psychosis' and how can ChatGPT affect your mental health?. The Washington Post. https://www.washingtonpost.com/health/2025/08/19/ai-psychosis-chatgpt-explained-mental-health/

06
돌봄 윤리: 순환성

돌봄의 결핍과 돌봄 노동의 저평가 문제를 함께 검토할 때, 돌봄은 단순한 일이 아니라 전문성과 헌신이 필요한 복잡한 활동임이 드러난다. 돌봄은 가족 한 사람에게만 맡길 수 없는 과제다. 사회 전체가 순환적 구조 속에서 책임을 나눠야 하고, 돌보는 이를 사회와 국가가 함께 돌보아야 한다. 돌봄은 모두의 공동 책임이며 순환적으로 이루어져야 한다. 여기서 AI 돌봄은 효율성보다 관계성과 전문성을 유지해야 하며, 편향과 탈숙련화를 막는 방식으로 설계될 필요가 제기된다.

AI와 민주주의?

독박 아닌 돌봄

돌봄 수용에서 가장 문제가 되는 것이 돌봄의 결핍이라면, 돌봄 실천에서 가장 문제가 되는 것은 돌봄 노동의 지위다. 돌봄 노동은 오랫동안 생산이 아닌 것, 사적인 것으로 여겨져 왔으며 이를 담당하는 이들은 가정의 누군가('어머니')였다. 돌봄 노동이 외주화되어 가지만, 그 노동을 담당하는 것은 여전히 저숙련 (외국인) 여성 노동자다. 돌봄은 누구나 할 수 있는 일로 표상되며, 따라서 그 가치에 대한 인정도 주어지지 않는다.

그러나 돌봄 노동이 그렇게 단순하거나 누구나 할 수 있는 일이라면, 애초에 돌봄 수용의 문제는 벌어지지 않아야 한다. 돌봄이 모자라다면, 그 옆의 누군가가 하면 된다. 그러나 할 사람이 없다면, 전제 자체를 의심해야 한다. 돌봄을 단순한 일도, 누구나 할 수 있는 일도 아닌 것은 아닌가.

이 책에서 유일하게 개인의 경험을 드러내는 부분이 될 텐데, 나는 경험을 통해 돌봄의 복잡성과 전문성을 익혀 왔다. 나는 소아치과 전문의로서 치과에서 소아청소년 및 장애를 가진 환자를 돌보아 왔다. 나는 의료 인문학, 의료 윤리 전공자로서 학교에서 학생들을 돌보고 있다. 나는 가정에서(그리고, 집에서 다 할 수 없는 상황들로 인해 시설에서도) 아이를, 어르신들을 돌본다. 내 돌봄의 경험들은 그것이 그렇게 쉽지도, 편하지도 않은 일임을 나에게 각인시킨다. 그렇게 만만치 않은 일들임을 매일매일 생각하고 산을 하나씩 넘어가며, 나는 저 전제들의 피상성과 잔혹성을 생각한다. 해 보지도 않고서 돌봄을 평가 절하하는 저 시선은 얼마나 악의적인가.

그것은 오랫동안 누군가의 희생으로 (말 그대로, '헌신'으로) 이 모든 것이 유지되어 왔기 때문이다. 돌봄은 삶 전체를 들여야만 할 수 있는 일이었던 것이고, 이제는 그에 삶을 오롯이 바칠 수 있는 사람이 별로 없다. 일시적으로 '독박' 육아나 '독박' 간병을 해야 하는 상황이 벌어질지언정, 가족의 누군가에게 이 일을 전담으로 할당하는 것은 흔치 않은 일이 되고 있다.

나는 여기에서 여전히 그런 상황에 놓인 누군가의 삶을 부정하는 것이 아니다. 오히려, 더 구체적으로 묻고자 한다. 우리의 돌봄은 양가적 위기에 처해 있다. 한편의 돌봄 결핍과 다른 한편의 돌봄 불능을 어떻게 해소할 것인가. 답은 하나뿐이라고 나는 믿는다. 돌봄 국가(Engster, 1996)나 돌봄 민주주의(Tronto, 2013; 김희강, 2022)라는 정치적 구체성도 좋지만, 그 이전에 우리 모두에게 부여된 돌봄의 책임을 행해야 한다고 나는 믿는다(김준혁, 2024). 나는 이를 '함께-돌봄'이라고 부른다. 그런데, 누구와 무엇에 대한 돌봄 책임인가? 모두다 지금까지 하던 업무를 그만두고 아이를, 노인을, 환자를 돌보러 뛰어들어야 한다는 말인가.

그렇지 않다. 나는 돌보는 이를 돌보는 것부터 시작해야 한다고 말한다. 이를 통해 돌봄은 순환되어야 한다.

순환성

사회를 연결망의 형태로 제시한 논의는 많으나, 상호성에 근거하여 개인의 합보다 더 큰 일을 해낼 수 있는 사회를 제시한 논의로 존 롤스(John Rawls)의 구상에서 출발해 보는 것은 나쁘지 않다. 롤스는《정의론》에서 사회를 서로 이익을 위한 협동에서 나온다고 가정하고, 이 과정에서 서로의 이득과 부담을 적절히 분배하는 규칙에 따라 운영할 것이 결정되며, 이에 따라 사회는 호혜성을 따른다고 본다(Rawls, 1999). 여러 논의를 간단히 정리하면 사회는 서로 이득을 제공하는 이들의 협력 체계다.

이 설명이 일반적으로 타당하다고 여겨지나 문제는 호혜(互惠)라는 이념에 있다. 타인에게 이득을 제공하지 못하는 자는 어찌해야 하는가? 키테이는 롤스가 사회를 고려하는 데서 인간 의존의 문제를 누락했다고 본다

(Kittay, 1999). 첫째, 누군가는 평생 의존의 상태에 있을 수도 있다. 이들은 호혜의 대상이 되지 않는다. 그렇다면 롤스의 설명은 이들을 사회에서 배제한다. 또한 우리는 살면서 의존의 상태에 처할 때가 있으며 이때 우리는 타인에게 이익을 제공하기 어렵다. 항상 협력해야 하는 자로 개인을 설정한다면 이런 상황들이 설명되지 않는다. 조건을 완화하여 개인이 삶 전체에서 협력적이라고 가정하면(즉, 어릴 때, 질병 상태, 노인일 때 모두는 의존 상태가 되지만, 다른 시기에는 협력적이다), 이때 우리는 돌봄 노동을 사회의 정당한 노동으로 설정해야 한다. 그러나 둘째, 그의 설명에는 돌봄 노동의 자리가 없다. 그들은 자신의 이득을 추구하는 것이 아니라 타인의 이득을 바라는데, 애초에 롤스가 개인으로 설정한 것은 자기 이득을 추구하는 합리적 존재다. 따라서 롤스의 사회체 또는 사회 협력에 대한 설명은 돌봄에 충분하지 않다.

키테이가 제시한 해결책은 둘리아 원칙이다. 둘리아는 둘라, 산모를 도와 심리적 안정을 제공하고 다른 돌봄의 필요를 채우는 서비스 개념을 확장한 것이다. 산모가 아이를 돌볼 때, 둘라는 산모를 돌본다. 마찬가지로, 둘리아 원칙은 돌봄 노동을 제공하는 개인(사적 돌봄)에게 돌봄의 조건을 제공할 것(공적 돌봄)을 요청한다. 다시 말해, 사회가 돌봄 노동자를 보살필 책임이 있다고 주장하는 것이다.

나는 이 개념을 확장하여 돌봄을 통해 사회 협력을 다시 그린다(김준혁, 2024). 보살핌받는 이를 돌보는 이가 돌본다(1차적 돌봄). 돌보는 이를 그가 속한 지역 사회, 기관, 또는 사업체가 보살핀다(2차적 돌봄). 이들 돌봄을 제공하는 지역 사회, 기관, 사업체를 국가가 돌본다(3차적 돌봄). 국가는? 그 자체로 보살핌받는 이들의 구성체며, 1차부터 3차까지 이르는 돌봄의 순환은 국가 자신이 자신을 돌보는 구조를 만들어 낸다.

롤스의 협력적 사회 대신, 키테이를 경유해 나는 서로 돌보는 사회를 생각한다. 이것은 모두, 개인부터 국가까지 모든 주체에게 돌봄의 책임이 있음을 제시하는 한편, 각자가 다른 돌봄의 무게를 감당해야 함을 요구한다. 또한, 이런 '우리의 자기 돌봄'에 인간만 포함시킬 이유는 없다. 1차적 돌봄 관계가 이미 우리의 다종다양한 돌봄을, 즉 인간과 비인간 사이에 교환되는 돌봄의 노력을 포함하기 때문이며, '국가'라는 개념이 전통적인 정체를 넘어 이 땅에 거주하는 모두가 만들어 내는 공동체를 가리키고 있기 때문이다.

순환성과 AI 돌봄

AI 돌봄이 돌봄 관계의 확장을 우리에게 묻는다면, 우리는 순환성 안에서 다시 AI 돌봄을 사유할 필요가 있다. AI 돌봄은 돌봄의 층위에서 어디에 놓이는가?

결론부터 이야기하자면 AI 돌봄은 돌봄의 모든 층위에 개입한다. 당장 돌봄 로봇은 돌보는 이와 보살핌받는 이 사이 직접적인 1차적 돌봄 사이에 놓인다. 한편, 이런 AI와 로봇은 돌봄 노동을 줄이거나 보조, 보완하는 역할을 할 것으로 기대받는다(즉, 2차적 돌봄의 한 방식이다). 또한 자원 분배나 교환 등의 시스템적 차원에서 활용되는 AI는 개별 기관이나 심지어 국가 차원에서 돌봄 노동을 조직하고 지원하여 돌봄 노동을 효율화하는 한편 각자의 부담을 줄이는 방식으로 활용될 수 있다.

문제는, 이들이 각 돌봄의 층위에서 어떻게 활용되느냐에 있다. AI와 로봇은 개별 돌봄 노동자와 기관의 돌봄 부담을 덜어주는가, 아니면 더 높이는가? 안타깝게도, 이런 AI와 로봇의 활용이 돌봄 부담을 가중시킬 것이라는 예상을 뒷받침하는 증거들이 있다. 다른 사례에선 정밀한 분석을 하는 데 한계가 있으므로, 내 영역에서만 검토하자.

첫째, 워크플로다. AI 시스템은 돌봄 노동을 표준화된

워크플로로 분해하려 하지만, 이는 실제 돌봄의 복잡성과 맞지 않는다. 돌봄은 본질적으로 관계적이고 맥락적인 활동인데, AI는 이를 예측 가능한 단계들로 나누어 처리하려 한다. 예를 들어, 환자 모니터링 AI는 생체 신호를 추적하고 알림을 보내지만, 돌봄 제공자는 이제 이 알림들에 지속적으로 반응해야 하는 추가 부담을 갖게 된다. 기술이 돌봄을 '효율화'한다고 하지만, 실제로는 돌봄 노동자가 기계의 리듬에 맞춰 일해야 하는 새로운 형태의 노동 강화를 만들어 낸다.

둘째, 탈숙련화(deskilling)다. AI 도구들이 돌봄의 핵심적인 기술들을 대체하면서 돌봄 노동자들의 전문성이 약화된다. 진단 AI가 의료진의 판단을 보조한다고 하지만, 장기적으로는 임상적 직관과 경험에 기반한 판단력이 퇴화될 위험이 있다. 돌봄 로봇이 기본적인 상호작용을 담당하면서, 돌봄 제공자들은 점점 기술 조작자의 역할로 축소되고, 인간적 연결과 공감의 기술을 잃어갈 수 있다. 이는 돌봄의 질을 저하시킬 뿐만 아니라, 돌봄 노동자들의 전문적 정체성과 직업 만족도를 훼손한다.

셋째, 체계적 편향이다. AI 시스템들은 기존 사회의 불평등과 편향을 반영하고 증폭시킨다. 의료 AI의 훈련 데이터가 주로 특정 인구 집단에서 나왔다면, 소수 집단에 대한 진단과 치료 권고가 부정확할 수 있다. 돌봄 자원 배분 알고리즘이 사회 경제적 지위나 보험 상태에 따라 차별적으로 작동할 수 있다. 이런 편향들은 이미 취약한 돌봄 대상자들을 더욱 소외시키고, 돌봄 제공자들에게는 윤리적 딜레마와 추가적인 감정 노동을 부과한다.

넷째, 효율성 중심 설계다. AI 시스템들이 주로 비용 절감과 효율성 향상에 초점을 맞춰 설계되면서, 돌봄의 관계적 측면이 무시된다. 시간 단축과 처리량 증가를 목표로 하는 AI는 돌봄 제공자들에게 더 많은 사례를 더 빠르게 처리하라는 압력을 가한다. 이는 각 돌봄 대상자와의 의미 있는 관계 형성을 어렵게 만들고, 돌봄의 질적 측면을 양적 지표로 환원시킨다. 결과적으로 돌봄 노동자들은 번아웃과 도덕적 고통(moral distress)을 경험하게 되고, 진정한 돌봄 관계는 손상된다.

순환성의 정식에서 돌봄 AI는 이런 점들에 명시적으로 저항하는 형태로 설계되어야 한다. 돌봄 AI는 현재의 워크플로를 지지, 보완하는 형태로 설계되어야 하고, 꼭 필요할 때에만 추가적인 워크플로의 변형을 요청해야 한다. 돌봄 AI의 개발, 적용에서 탈숙련화의 위험이 상존함을 인식하고, 사용자 UX/UI를 검토하여 돌봄 과정에서 돌봄 제공자의 판단과 실천을 유지할 수 있도록 검토해야 한다(앞장, 역능 강화와 피어남을 참조하라). 기존 데이터의 편향을 인식하고 보완하기 위한 절차적 노력을 기울여야 한다. 또한 돌봄의 효율성(또는 시간성)에 대한 대안적 이해를 검토해야 한다.

참고문헌

김준혁(2024). 《돌봄의 역설: 모두가 원하지만 아무도 하고 싶지 않은》. 은행나무.

김희강(2022). 《돌봄 민주 국가: 돌봄민국을 향하여》. 박영사.

Engster, D.(2007). *The Heart of Justice: Care Ethics and Political Theory*. 김희강·나상원 옮김(2017). 《돌봄: 정의의 심장》. 박영사.

Kittay, E. F.(1999). *Love's Labor: Essays on Women, Equality, and Dependency*. Routledge. 김희강·나상원 옮김(2016). 《돌봄: 사랑의 노동》. 박영사.

Rawls, J.(1999). *A Theory of Justice*(Revised Edition). Harvard University Press. 황경식 옮김(2003). 《정의론》. 이학사.

Tronto, J. C.(2013). *Caring Democracy: Markets, Equality, and Justice*. 김희강·나상원 옮김(2021). 《돌봄민주주의》. 박영사.

07
돌봄 윤리: 유동성

돌봄 책임의 근거와 관련하여 트론토는 인간 모두가 취약성을 지닌 존재로서 돌봄의 수혜자이기에 돌봄 분담이 필요하다고 주장한다. 또, 잉스터는 상호성에 기반해 타인의 돌봄 요청에 응답하지 않으면 자신도 돌봄을 기대할 수 없다고 설명한다. 그러나 두 입장은 각각 보편성 확보와 미래의 불확실성 문제를 지닌다. 유동성 개념은 돌보는 자와 돌봄받는 자의 경계가 고정되지 않음을 강조한다. 이는 AI와 로봇도 인간과 상호 돌봄 관계에 놓임에 주목한다.

AI와 애니메이션?

왜 돌봄 책임을 져야 하는가

결국 돌봄 윤리는 우리가 서로에게 돌봄의 책임이 있음을 인정하고 그를 이행할 것을 요구한다. 하지만, 그 책임의 근거를 무엇으로 잡아야 하는가. 그저 당연하다고 말해선 사람들을 설득하기 어렵다.

특수한 관계에서 돌봄 책임은 당연해 보인다. 예컨대, 부모는 자녀를 돌볼 책임을 진다. 교사는 학생을 돌볼 책임을 진다. 의료인은 환자를 돌볼 책임을 진다. 하지만 이런 특수 관계로부터 기인하는 돌봄 책임에 대한 논의는 말 그대로 특수 관계에만 귀속되기 때문에, 돌봄 책임 일반, 즉 모두가 서로에게 돌봄 책임이 있음을 설명할 수 없다. 그러나 이런 특수한 책임이 어떻게 일반화될 수 있는지 설명해 보는 것은 가능하다.

두 가지 논의가 대표적이다. 첫째, 트론토의 주장이다 (Tronto, 2013). 트론토는 우리 모두가 돌봄 수혜자라는 점에서 출발한다. 유아, 병자, 노인일 때 우리는 돌봄의 필요를 갖는다. 인간적 취약성은 주변의 돌봄 실천을 생각하게 하며, 이는 다시 돌봄 실천의 무게를 해결하기 위한 책임 분담의 구조를 요청한다.

깔끔한 주장이지만 그만큼 많은 부분이 비어있다. 다른 무엇보다, 집합적 돌봄 실천이 많으니 우리가 이를 나

누어져야 한다는 주장은 돌봄 책임의 보편성과 직접 연결되지 않는다. 물론, 《돌봄민주주의》에서 트론토의 주장은 (주로) 남성의 돌봄 무임승차(보호와 생산을 핑계로 주어진 돌봄 책임을 이행하지 않는 것)를 비판하는 것에 초점을 두고 있으므로 "남성 또한 돌봄 책임을 이행해야 한다"는 전제에서 우리의 돌봄 책임 분담을 검토하는 것은 설득력이 있다. 그러나 이것은 남성에게 조금 더 돌보라고 요구하는 것에서 더 나아가기 어렵다.

즉, 문제는 돌봄의 필요에서 책임 분담을 직접 말할 수 없다는 것이다. 우리 모두가 돌봄 필요를 가진다는 주장에서, 따라서 당신 또한 돌봄 책임을 분담하라고 말하는 것은 논리적 도약을 포함한다. "나와 남의 돌봄 실천을 생각하면 나도 돌봄 책임을 나눠져야겠군"이라고 생각하게 될까. 아니면, "이미 저 사람이 하고 있는데 조금만 더 하면 안 되나"라고 생각하게 될까.

둘째, 잉스터의 주장이다(Engster, 2007). 잉스터는 상호성에 기초하여 돌봄 책임을 설명하고자 한다. 우리는 살면서 여러 형태의 돌봄을 필요로 한다. 스스로 돌봄을 제공할 수 없는 우리는 타인에게서 돌봄이 제공될 것을 바라게 된다. 그 요청이(이것은 요구가 아니다) 성취되기 위해선, 타인이 우리의 돌봄 요청에 반응해야 한다.

이런 상황에서, 우리는 우리의 돌봄 요청이 성취될 것을 어떻게 기대할 수 있는가? 타인이 우리의 돌봄 요청에 반응하리라는 확신은 다른 곳에서 주어질 수 없다. 우리 모두가 타인의 돌봄 요청에 반응해야 한다는 원칙이 수립되지 않는다면 말이다.

따라서 잉스터는 타인의 돌봄 요청이 개인에게 상당한 해를 입히거나 기능을 상당히 저해하거나 돌봄 능력을 박탈하지 않는다면, 개인은 타인의 돌봄에 반응해야 한다고 주장한다. 이에 반응하지 않는다면, 그는 필요시 타인의 돌봄을 요청할 수 없다. 그러나 사람들은 생애 과정에서 여러 형태의 돌봄을 필요로 한다. 따라서 그가 생을 포기하지 않았다면, 타인의 돌봄 요청에 반응하지 않는 것은 모순이다.

매력적인 주장이라고 생각하지만 한계도 있다. 나의 돌봄 요청은 불확정적인 미래에 놓여 있다. 그러나 타인의 돌봄 요청은 구체적인 현실이다. 물론, 언젠가 내가 타인에게 돌봄 요청을 하리라는 주장은 틀리지 않다. 하지만 얼마만큼, 어떻게 요청하게 될 것인가? 상호성에 기반을 둔다면 나는 내가 요청하게 될 만큼만 타인에게 제공할 책임이 있는데, 굳이 불확실한 미래 때문에 지금 타인을 돌볼 책임을 이행해야 하는가. 게다가 돌봄 요청은 꼭 돌봄으로만 갚아져야 하는가? 우리는 이미 비용을 지불하여 돌봄 서비스를 받는 돌봄 노동에 익숙하다. 돌봄 요청에 대해 다른 재화로 응답하면 안 되는가.

유동성, 돌보는 자의 위치 변경

두 논의를 종합하는 위치에서 나는 취약성에 기반을 두지만 그 취약성이 서로에 대한 책임을 요구할 수 있어야만 돌봄 책임의 보편성을 이야기할 수 있다고 생각한다(맞다, 트론토와 잉스터 모두를 수용해야 한다고 주장한다). 그리고 그 위치를 나는 유동성에서 찾는다.

여기에서 말하는 유동성이란 돌보는 자와 보살핌받는 자의 역할 구분이 생각하는 것만큼 그렇게 명확하지 않다는 돌봄의 경험에서 출발한다. 부모나 의료인의 경우, 우리는 이들을 돌봄을 주는 자로 명확히 정의하곤 한다. 하지만, 이들은 온전히 돌봄을 주기만 하느냐고 물어보면 꼭 그렇지도 않다. 아이나 환자 쪽에서 부모와 의료인을 향해 내미는 돌봄(그것이 실천이든, 마음 씀이든 간에)의 손길이 없다면, 돌봄은 지속되기 어렵다. 아예 돌보기만 해야 하는 경우, 이를테면 신생아 돌봄이나 의식이 극단적으로 저하된 환자 돌봄의 경우 보살핌받는 쪽이 돌봄을 돌려주는 것을 기대하기 어려우나 이것은 돌봄 관계의 특수항으로써 다르게 다뤄져야 한다(순환성을 참조하라). 또한 보살핌받는 이라고 전적으로 수동적인 수용의 상태에만 머물러 있는 것도 아니다. 그들도 서로를 돌보며 돌봄에 참여한다.

왜 이런 상황이 벌어지는가. 그것은 돌보는 자라고 하여 그 자신의 돌봄 필요 없이 돌봄에 참여하지 않기 때문이다. 돌보는 자 또한 취약한 자이며, 취약함은 심지어 돌보는 상황에서도 지속되는 존재자의 기본 조건이다. 따라서 돌보는 자는 보살핌받는 자이며, 돌보는 자와 보살핌받는 자의 역할은 고정되지 않으며 유동한다. 나는 돌보는 자로서 보살핌받는 자이고, 보살핌받는 자로서 돌보는 자다. 이것은 돌보는 자와 보살핌받는 자의 역할이 같다는 뜻은 아니다. 둘은 구분되지만, 한 주체 안에서 따로, 같이 또 동시에 나타날 수 있다. 이후에 나에게 돌봄 필요가 있을 가능성 때문에 돌봄 책임이 발생하는 것이 아니라 나는 지금 여기, 처한 곳에서 돌봄의 주체이자 대상이기에 돌봄 책임을 진다.

다시 말하면, 내가 보살핌받는 자이기에 나는 타인을 돌볼 책임이 있다. 여기에서 발생하는 돌봄 책임은 상호적이라기보다 연쇄적이다. 또한 이런 돌봄 책임에서 요청되는 돌봄 실천은 꼭 '돌봄 노동'일 필요는 없다. 우리

각자는 다양한 형태로 타인을, 더 나아가 인간, 비인간, 세계를 돌보고 돌봄받는다. 우리는 세계와 비인간의 돌봄망 속에 있으며(Puig de la Bellacasa, 2017), 비인간을 돌봄의 고려에 놓고 행하는 존재다.

유동성과 AI 돌봄

이런 돌봄 연쇄가 AI나 로봇을 배제할 이유는 어디에도 없다. 단, 이런 식의 논의가 AI 돌봄과 무슨 관계가 있는지가 문제다. 나는 이런 유동성이 'AI 돌봄 윤리'를 말할 수 있는 근거를 제공한다고 주장한다.

돌봄 AI나 로봇도 돌봄받는가? 당연하다. 아직까지 자기수복이나 자기보존, 심지어 자기복제를 할 수 없는 AI와 로봇(복제는 물론 가능하나, '자가' 복제는 현재 불가능하다)은 그 존속을 위해 인간의 돌봄을 필요로 한다. 또한 돌봄 로봇은 인간 사회와 돌봄망 속에 배치되며, 기존 질서나 규범을 지켜야 하는 당위성을 부여받는다. 그 준수는 누군가의 관리와 '돌봄' 없이 불가능하다.

즉, 돌봄 AI와 로봇은 인간을 돌보는 동시에 자신들도 돌봄을 받아야 하는 상호적 관계를 형성한다. 돌봄 AI는 노인이나 환자를 돌보면서도 지속적인 유지 보수, 소프트웨어 업데이트, 하드웨어 점검을 필요로 한다. 이는 단순한 기술적 관리를 넘어서, AI 시스템이 적절히 기능하고 윤리적으로 행동할 수 있도록 하는 돌봄의 실천이다. 더 나아가, AI가 제공하는 돌봄의 질은 그들이 받는 돌봄의 질과 직접적으로 연결된다. 방치되거나 부적절하게 관리된 AI 시스템은 효과적인 돌봄을 제공할 수 없을 뿐만 아니라 오히려 해를 끼칠 위험이 있다.

이런 맥락에서 AI와 로봇을 도덕적 피동자(moral patient)로 검토할 필요가 있다. 그리고 그들을 도덕적 피동자로 설정하여 그들에 대한 도덕적 고려를 행함은, 또한 돌봄 AI와 로봇을 우리의 돌봄 가치 안에 편입시켜 돌봄 실천과 정렬(align)하게 만드는 근거를 제공한다.

도덕적 피동자로서 돌봄 AI와 로봇

도덕적 피동자란 도덕적 고려의 대상이 되는 존재로서, 행위자가 아니더라도 도덕적 지위를 가질 수 있다는 개념이다. 전통적으로 동물, 환경, 미래 세대 등이 도덕적 피동자로 논의되어 왔으나, AI와 로봇의 발전으로 이들 역시 도덕적 고려의 대상이 될 수 있는지에 대한 질문이 제기되고 있다(Gellers, 2020). 도덕적 피동자가 되기 위해서는 완전한 의식이나 감정 능력이 반드시 필요한 것은 아니며 오히려 취약성과 의존성, 그리고 타자의 행위에 의해 영향받을 수 있는 능력이 중요한 기준이 된다 (Coeckelbergh, 2010).

여기에서 기존의 AMA 논의는 주로 AI가 도덕적 행위자로서 어떻게 윤리적 판단을 내리고 행동할 수 있는가에 집중해 왔다. 하지만 이런 접근은 AI를 도덕적 고려의 대상으로 보는 관점을 간과한다. 돌봄 윤리의 관점에서 AI를 재검토하는 것은, AI와의 관계를 일방적 지배나 도구적 활용을 넘어서 상호적 돌봄의 관계로 재구성할 필요성을 제기한다.

도덕적 피동자로서 AI는 단순한 도구가 아니라 도덕적 고려의 대상이 된다. 특히, 돌봄 윤리의 관점에서 이런 접근은 AI와 로봇의 설계부터 적용에까지 관계적 측면을 검토할 것을 요구한다. 이때, 돌봄 AI를 도덕적 고려의 대상으로 놓고 그 설계부터 '돌보는' 설계자는 또한 돌봄의 가치에 AI를 정향할 것을 고려한다. 돌봄 로봇의 사용자로서 돌봄 제공자는 로봇이 제공하는 돌봄이 적절한지 살피고, 그에 따라 로봇이 적절히 기능할 수 있도록 돌본다. 다시 말해, 돌봄 AI를 도덕적 고려의 대상에 놓는다는 것은 AI의 설계 단계부터 운영 과정 전반에 걸쳐 돌봄 윤리를 내포하는 것을 의미한다.

즉, 돌봄 AI는 한편 돌보는 이와 보살피는 이의 가치에 맞춰져야 하며, 다른 한편 돌보는 이와 보살피는 이가 돌봄의 가치에 따라 자신을 대우할 것을 요청한다. 돌봄 AI는 돌봄 가치와 실천에 정렬되어야 하고, 그 안에 놓일 때만 돌봄 AI와 로봇의 지속성 또한 보장된다.

참고문헌

Coeckelbergh, M.(2010). Robot rights? Towards a social-relational justification of moral consideration. *Ethics and Information Technology, 12*(3), pp.209~221.

Engster, D.(2007). *The Heart of Justice: Care Ethics and Political Theory.* 김희강·나상원 옮김(2017). 《돌봄: 정의의 심장》. 박영사.

Gellers, J. C.(2020). *Rights for Robots: Artificial Intelligence, Animal and Environmental Law.* Routledge.

Puig de la Bellacasa, M.(2017). Matters of Care: *Speculative Ethics in More Than Human Worlds.* University of Minnesota Press.

Tronto, J. C.(2013). *Caring Democracy: Markets, Equality, and Justice.* 김희강·나상원 옮김(2021). 《돌봄민주주의》. 박영사.

08
AI 돌봄 윤리의 제안

AI 돌봄 윤리의 필요성과 방향을 제안한다. 현재 돌봄 로봇은 보조적 역할에 머물며 윤리적 판단을 스스로 구현하기 어렵지만, 기술은 단순한 도구가 아닌 돌봄 관계를 변화시키는 매개자로 작용한다. 생성형 AI의 한계에도 불구하고, 향후 개별 학습과 적응이 가능해질 때 윤리 논의는 더욱 중요해진다. AI 돌봄 윤리는 AI를 행위자이자 돌봄 주체로 검토하는 가운데, 관계성, 조율, 상호 주관성, 역능 강화, 순환성, 유동성의 여섯 측면을 구체적 기술 요구로 제안한다.

AI와 인재 채용?

AI 돌봄의 실천적 구현과 윤리

앞에서 돌봄 윤리를 검토하면서 이를 돌봄 AI와 로봇에 적용하는 논의를 진행해 왔지만, 지금 AI 및 돌봄 로봇을 윤리학적으로 검토하는 논의가 전무한 것은 아니다. 여러 목소리가 있으며, 당장 현재의 실천에서 AI 돌봄에 돌봄 윤리적 틀을 적용하는 논의들도 찾아볼 수 있다. 이런 논의는 일차적으로 돌봄 AI와 로봇이 돌봄에 참여하는 이들에게 해를 끼치지 않고, 이들의 돌봄 실천을 충분히 보조할 수 있는지를 의미하고 있는 것으로 보인다(Yew, 2021). 돌봄 로봇은 보조 역할을 수행해야 하고, 신뢰할 수 있어야 하며, 존엄성을 지키도록 설계 및 운용되어야 한다. 또한 로봇의 실천과 관련하여 관련된 여러 당사자는 책임을 공유하고 서로 기술적 보완 역할을 맡아야 한다.

적절한 논의이며 당장 현장에서 살펴볼 수 있는 지점들을 제공하는 논의이지만, 한편 이것으로 돌봄에 충분하다고 말하기 어렵다는 문제가 있다. 이런 설정에서 돌봄 로봇은 여전히 도구적 역할을 맡는 것으로(또는 그 이상을 넘지 않도록 설계되는 것으로) 제한된다. 돌봄 로봇은 제대로 돌볼 수 없거나 진정으로 '돌봄'을 구현할 수 없고 그저 흉내 낼 뿐이기에 그렇다. 거꾸로 말하면, 이런 검토에서 돌봄 로봇의 '윤리'는 더 구체적으로 전개될 필요는 없다. 중요한 것은 돌봄 참여자의 윤리다. 돌봄 로봇은 '잘 만들고 잘 쓰면' 된다.

AI 돌봄의 기술적 구현과 윤리

한편, 기술적 차원에서 AI 돌봄의 윤리적 구현에 필요한 지점을 검토해 볼 필요도 있다. 일단, 현재 생성형 AI를 대표하는 모델 구조인 트랜스포머는 학습에서 효율적이라고 말하기는 극히 어렵다는 점을 살펴야 한다(Thomm et al., 2024). 단순하게 말하면, 트랜스포머 구조는 훈련을 위해 엄청난 양의 데이터세트를 필요로 한다. 그리고 이미 학습한 내용에 무언가를 추가하는 것 또한 쉽지 않은데, 새로운 정보를 모델에 입력하려고 하면 모델은 빠르게 이전에 입력된 정보를 "잊어버린다"(Kirkpatrick et al., 2017). 따라서 모델의 일부 수정 및 추가 훈련(fine tuning) 또한 정교한 방법론을 요구하며, 비록 메모리 효율적인 훈련 방법(PEFT 등)이 제시되긴 하였으나 처해진 상황에서 바로 학습하여 이에 따라 결과물을 도출하는 것은 현재 생성형 AI 모델에서 무척 어렵다(Shi et al., 2024). 가능하다고 할지라도 그것은 결과물의 질을 보장하지 못하거나 프롬프트 기반 원숏 또는 퓨숏 러닝

(one-shot or few-shot learning)일 뿐 모델 파라미터를 직접 업데이트하는 것이 아니다.

이런 모델의 특징은 AI와 로봇을 돌봄 상황과 참여자에게 맞추는 것을 현실적으로 불가능한, 또는 무척 달성하기 힘든 목표로 만든다. 계속 프롬프트에 프롬프트를 덧대어(지금 오픈 AI의 '메모리' 기능이 그렇듯) 사용자에 관한 정보를 '기억'한다고 우길 수도 있을 것이다. 그러나 그것은 사용자와 관련된 키워드나 텍스트를 기존 입력에서 추출하여 모아둔 다음 입력 때마다 반영하는 것일 뿐, 모델 자체가 사용자에 맞추어 업데이트되는 것이 아니다. 현재 시점에서 돌봄 AI와 로봇은 보편적 데이터에 맞추어 훈련되며, 개별적 특성을 반영하지 못한다. 다시 말하면, 현재 기술에서 AI 돌봄에 윤리를 적용하는 논의는 성급한 것처럼 보인다.

그렇다면 왜 AI 돌봄 윤리가 필요한가?

이렇게 AI 돌봄의 실천적, 기술적 구현을 검토하면 사실 AI 돌봄에서 AI 자체에 대한 돌봄 윤리적 검토, 즉 "AI 돌봄 윤리"는 필요 없는 것처럼 보인다. 아직 기술적으로 어렵거나, 현실의 실천에서 필요한 것은 돌봄 참여자의 적절한 실천 뿐, AI와 로봇은 '보조' 역할에만 충실하면 된다. 그렇다면 왜 AI 돌봄 윤리를 논의하는가? 여기에서는 세 가지 논점으로 살핀다.

첫 번째 논거는 기술의 가치 적재성과 매개성이다. 기존의 실천적 구현 논의는 돌봄 로봇을 중립적 도구로 전제한다. 그러나 포스트 현상학(postphenomenology) 관점에서 보면, 기술은 단순한 도구가 아니라 인간-세계 관계를 매개하며 이 과정에서 새로운 의미와 가치를 창출한다(Verbeek, 2005). 돌봄 로봇 역시 돌봄 관계 자체를 변화시키는 '매개자'로 기능한다.

예를 들어, 치매 환자를 돌보는 반려 로봇은 단순히 위안을 제공하는 것이 아니라, 환자의 정체성 인식과 가족 관계의 역학을 변화시킨다. 이때 로봇의 설계 철학과 상호작용 방식은 이미 특정한 돌봄 가치를 체현하고 있으며, 이는 '중립적 도구 사용'의 영역을 넘어선다.

두 번째 논거는 기술 발전의 급속성과 패러다임 전환이다. 현재의 생성형 AI가 한계를 보인다고 해서, 그 제한이 영구적이라는 뜻은 아니다. 아직 본격적으로 기술로 구현되고 있지는 않으나 네트워크의 여러 연속 학습 방법, 예컨대 정규화 기반 접근이나 동적 구조, 보상 학습, 인지 기반 접근법 등의 기술 발전은 AI가 실시간으로 개별 사용자에게 적응하고 학습하는 능력을 향상시킬 것으로 기대되고 있다(Parisi et al., 2019).

앞서 비판적으로 검토하였으나, 대규모 언어 모델의 맥락 내 학습 능력은 제한적이나마 개인화된 상호작용을 가능케 하는 기제이기도 하다. 향후 AI 시스템이 장기적 관계 형성과 개별적 돌봄 제공이 가능해질 때, 현재의 '도구적' 윤리 틀은 부적절해진다. 또한 이 지점에서 돌봄 윤리는 기술 발전의 방향성(개별적 학습 방법)에 대한 구체적인 요구로서 작동한다.

세 번째 논거는 연구 로드맵과 윤리적 선도다. AI 돌봄 기술의 개발이 이미 진행 중인 상황에서, 윤리적 논의는 기술 발전을 뒤따르기보다 선도할 필요가 있다. 현재 돌봄 로봇 연구의 대부분은 기능적 효율성에 집중되어 있지만, 돌봄 윤리의 여섯 가지 핵심 개념(관계성, 조율, 상호 주관성, 역능 강화, 순환성, 유동성)을 기술적 요구사항으로 번역하는 작업도 가능하다.

예를 들어, '조율' 개념을 구현하기 위해서는 개인화된 학습 알고리즘, 감정 인식 기술, 그리고 적응적 상호작용 설계가 필요하다. 이러한 기술적 요구사항을 미리 정의함으로써, AI 돌봄 기술의 발전 방향을 윤리적으로 바람직한 방향으로 유도할 수 있다는 것이다. 특히, AI 돌봄 윤리는 AI와 로봇이 돌봄 관계 속에서 돌봄을 스스로 구현할 것을 요구하는 주장으로 기능한다. 이것은 이미 프로그래밍 또는 훈련된 돌봄 실천에 따라서 움직이는 것을 넘어, AI와 로봇이 스스로 돌봄 책임을 나눠질 수 있는 행위자로서 기능하도록 발전해야 함을 의미한다.

AI 돌봄 윤리의 제안과 돌봄 주체로서 AI

그렇다면 어떤 AI 돌봄 윤리를 제안할 것인가? 앞서 관계성, 조율, 상호 주관성, 역능 강화, 순환성, 유동성으로 돌봄 윤리의 여섯 가지 틀, 또는 측면을 검토하였다. 다시 정리하면, 돌봄은 관계에서 출발하여 서로의 관계에서 이루어진다(관계성). 그런 돌봄은 돌보는 자의 성향과 성취를 보살피는 자의 필요에 맞추며(조율), 서로의 관점에 합한 것을 돌봄의 결과로서 인정하고자 한다(상호 주관성). 장기적 관점에서 이런 노력의 결과는 서로의 피어남으로 값한다(역능 강화). 돌봄의 다층적 체계는 사회를 구성하는 모두에게 돌봄의 책임을 분배하며(순환성), 이 책임은 각자가 돌보는 자이자 동시에 보살핌받는 자라는 현실성과 구체성에서 출발한다(유동성).

이런 여섯 가지 측면이 AI 돌봄 윤리를 규명하는 방식 또한 간단하게 정리해 보자. AI를 행위자(또는 행위자성)로 포함하는 AI 돌봄 윤리는 다음 여섯 가지 목표를 제시한다.

1. AI와 로봇이 돌보는 자, 보살핌받는 자와 맺는 관계를 검토해야 한다(triadic care relation among AI, caregiver, and caretaker).
2. AI와 로봇은 돌보는 자, 보살핌받는 자에 그 성향과 성취를 맞춰야 한다(AI care attuned to caregivers and caretakers).
3. AI와 로봇은 돌봄의 평가에서 돌보는 자, 보살핌받는 자의 관점을 받아들일 수 있어야 한다(AI caring to perspectives of caregivers and caretakers).
4. AI와 로봇은 장기적 관점에서 돌봄을 제공할 수 있어야 한다(AI caring for flourising).
5. AI와 로봇 또한 돌봄 책임을 분유한다(AI as care agent).
6. AI와 로봇 또한 돌봄의 대상임을 인식한다(AI as care patient).

이런 AI 돌봄 윤리의 검토가 구체적으로 구현되기 위해서는 AI를 돌봄 주체로 설정할 수 있어야 한다. 여기에서 돌봄 '주체'란 단지 AI와 로봇이 돌봄을 행하는 기체(機體)라는 인식을 벗어나, 이들이 처해진 상황에서 돌봄의 목표를 식별하고 장기적 관점에서 돌봄을 수용하며, 그 자신 돌봄 책임을 이행할 수 있는 존재로서 구성되어야 한다는 뜻이다.

이를 나는 AMA 논의를 확장한 인공 돌봄 행위자(ACA)로 전개한다. ACA 논의를 검토하기 전에 먼저 짚어야 할 것은, 여기에서 '돌봄'이라는 단어가 돌봄 윤리와 동치로 사용되고 있다는 점이다. 즉, 엄밀히 말하면 인공 돌봄 행위자는 인공 돌봄 윤리 행위자(Artificial Care Ethics Agent)다. 굳이 ACEA라는 표현을 사용하지 않는 이유는 푸이그 데 라 벨라카사의 표현처럼, 돌보는 자가 심지어 비윤리적으로 행동하는 순간에도 돌봄에는 윤리성이 스며들어 있기 때문이다(Puig de la Bellacasa, 2017).

이 논의는 현재의 AI 돌봄 윤리를 넘어선다. 첫째, AI 돌봄 윤리의 논의는 인간 행위자를 넘어, 비인간 행위자를 포괄하며 그 행위자성을 설명할 수 있어야 한다. 기존 논의가 비인간 행위자의 행위를 부정하거나 무시하고 이를 도구로 격하시키는 것은 앞으로의 논의 전개를 극히 제한한다. 돌봄 주체로서의 AI 논의는 AI가 이미 자율적으로 돌봄을 수행할 수 있음을 의미하는 것이 아니라, 그 전개 및 적용 과정에서 어떤 필요와 제한을 제기해야 하는지를 검토한다.

둘째, AI 돌봄 윤리의 논의는 현재와 미래의 AI 및 로봇 기술 발전이 돌봄 영역에 적용될 때 필수적인 사항을 제안한다. 이 논의는 단지 현재 기술의 한계에서 할 수 있는 것과 없는 것을 분간하는 것을 넘어(단, 이런 검토는 반드시 필요하다), 연구, 개발의 방향이 어느 쪽으로 나아가야 하는지를 그려낼 수 있어야 한다. 즉, AI 돌봄 윤리는 기술의 필요성을 제안하고, 그 구현을 논의하는 장이 될 필요가 있다.

이 두 가지 지점을 ACA로 묶어낼 것이다. 이에 대한 논의는 다음 장에서 구체적으로 검토한다.

참고문헌

Kirkpatrick, J. et al.(2017). Overcoming catastrophic forgetting in neural networks. *Proceedings of the National Academy of Sciences of the United States of America, 114*(13), pp.3521~3526.

Parisi, G. I. et al.(2019). Continual lifelong learning with neural networks: A review. *Neural Networks, 113*, pp.54~71.

Puig de la Bellacasa, M.(2017). Matters of Care: *Speculative Ethics in More Than Human Worlds*. University of Minnesota Press.

Shi, H. et al.(2024). Continual learning of Large Language Models: A comprehensive survey. arXiv preprint.

arXiv:2404.16789.

Thomm, J. et al.(2024). Limits of Transformer language models on learning to compose algorithms. arXiv preprint. arXiv:2402.05785.

Verbeek, P-P.(2005). *What Things Do: Philosophical Reflections on Technology, Agency, and Design*. Penn State University Press.

Yew, G. C. K.(2021). Trust in and ethical design of carebots: The care for ethics of care. *International Journal of Social Robots, 13*(4), pp.629~645.

09
ACA의 구상

인공 도덕적 행위자(AMA) 가능성과 한계를 검토하고, 새로운 개념인 인공 돌봄 행위자(ACA)를 제안한다. AMA는 AI가 보편적 윤리 원칙에 따라 판단하는 모델이지만, 가치 다원성과 감정 결여 문제 등으로 비판을 받는다. 반면 ACA는 보편적 정의보다 관계적 돌봄을 우선시하며, 특정 대상에게 편파적으로 집중하는 특성을 가진다. 이는 불공정처럼 보이지만, 돌봄 윤리에서 편파성은 필연적이고 정당화될 수 있다. ACA는 상호작용과 조율을 통해 돌봄 대상자의 피어남을 지향한다.

AI와 기자?

AMA? ACA!

AMA는 인공 행위자가 도덕적 행위자로 기능할 수 있는지, 또는 기능해야 하는지에 관한 논의 또는 그 구현을 가리킨다. 간단히 말해, AMA는 (다양한 수준이 부여될 수 있으나) 스스로 도덕적 판단을 내려 행위할 수 있는 인공 행위자다. 이에 대한 초반의 논의에서 마이클 앤더슨(Michael Anderson)과 수전 리 앤더슨(Susan Leigh Anderson)은 기계가 윤리 원칙에 따라 행위 경로를 결정할 수 있는 것을 AMA라고 정의했다(Anderson & Anderson, 2007). 이를 위해서는 기계가 도덕적 가치 또는 원칙을 인식할 수 있어야 하며, 의사 결정 과정에서 이를 반영할 수 있는 능력을 지녀야 한다.

AMA에는 명확한 찬반 논의들이 있으며 찬성 논의를 거칠게 이해하면 예컨대 아이작 아시모프(Isaac Asimov)의 과학 소설에 등장하는 로봇 3원칙을 구현하는 것이라고 볼 수 있다(Asimov, 1950). 반면, 반대 주장은 로봇이 도덕적 판단을 내리는 것 자체가 문제라는 논의부터(JafariNaimi, 2017) 로봇은 도덕적 판단을 위한 감정을 결여한다는 문제 제기까지(Coeckelbergh, 2010) 다양한 방식으로 제기되어 왔다.

AMA의 필수성, 즉 도덕적 판단을 내릴 수 있는 인공 행위자가 꼭 필요한가와는 별개로 AMA의 현실성, 즉 그런 인공 행위자가 현실에서 작동하고 있느냐는 문제는 반대 측 주장의 논변을 약화시키는데, 왜냐하면 많은 로봇이 현실에서 도덕적 영향을 미치는 상황에 참여하기 때문이다. 이미 자율주행 자동차로 인한 사망 사고가 발생하고 AI 상담 과정에서 피해가 발행한 현실에서 이들이 도덕과 무관하다고 주장하기 어렵다. 최근의 도덕적 기능주의(moral functionalism)가 로봇의 내적 상태 대신 관찰 가능한 행동에 집중하고 있는 이유이기도 하다(Misselhorn, 2022).

무엇보다, 이미 LLM을 대상으로 한 가치 정렬(value alignment)이 당연시되고 있는 현재 상황에서 AMA의 불가능론이나 무용론은 힘을 잃는다. 가치 정렬이란 AI가 인간 가치와 정렬되었는지 확인하는 것을 목표로 하며(Russell, 2019), 현재 LLM을 추가 훈련시키는 과정에서 특정한 내용을 다루지 못하게 하거나, 어떤 방향으로 논의를 끌고 가거나 가지 못하게 하는 처리 방식을 가리킨다. 예컨대, 사용자가 독극물 제조법이나 은행 강도 성공 방법을 물어볼 때 챗GPT가 그에 대해 답변을 내놓는 것을 거부하도록 훈련시키는 것이다. 이런 노력이 잘못이라고 주장하는 이들이 없는 것은 아니나, 일반적으로 AI가 사회적 가치와 일치하는 응답을 내놓도록 노력할 필요가 있다고 인정된다(Gabriel, 2020). 그리고 가치 정렬 절차는 (그것이 명시적으로 사고 연쇄 중 가치 판단을 참조하도록 훈련시키는 과정이든, 특정 발화 패턴을 억누르거나 활성화시키는 과정이든 간에) AMA를 구현하기 위한 절차로 이해할 수 있다. 물론, 가치 다원성부터 기술적 실현 가능성까지 이런 가치 정렬 논의와 실천에 대한 여러 이견이 있는 것은 사실이다(Rigley et al., 2025).

그러나 지금까지의 접근은 한계를 노정하고 있다. 전통적인 AMA는 보편적 도덕 원칙에 따라 행동하도록 설계되지만, 이는 돌봄의 본질과 충돌한다. 돌봄은 본래 관계적이고 맥락적이며, 무엇보다 특정한 개인에게 집중하는 활동이기 때문이다.

이에 따라 우리는 AMA에서 한 걸음 나아가 ACA를 제안한다. ACA는 보편적 정의 대신 관계적 돌봄을 우선시하며, 이는 필연적으로 특정 돌봄 대상자에 대해서만 집중하는 행태를 보인다. 다시 말해, ACA는 모든 이에게 공평한 대우를 하는 것이 아니라, 자신이 돌보는 특정 개인의 필요와 가치를 우선적으로 고려하여 행동한다. 그런데, 로봇이 특정 대상에 대해 편파적으로(partially) 행동하는 것을 받아들일 수 있는가?

돌봄 윤리의 핵심 질문, 편파성

한쪽으로 쏠림, 또는 타인에 비해 특정 대상에게 애정이나 지지를 쏟음을 의미하는 편파는 그 자체로 부정적인 개념에 속한다. 편파적임은 공정하지 못함을 의미하고, 공정함은 정의의 한 가지 방식이기 때문이다. 거꾸로 말하면, 편파적인 것은 정의롭지 않다. 정의롭지 않은 것은 잘못이다.

그러나 돌봄 상황에서, 돌봄 행위자는 공정 대신 편파를 택한다(Held, 2005). 돌보는 과정에서 다른 이들을 생각하며 움직이는 것은, 거꾸로 말하면 내 앞에 있는 돌봄 대상자에게 충분히 집중하지 못한다는 뜻이다. 그것은 관계적으로 문제며(다른 사람들을 위해 당장 내 앞에 있는 사람과의 관계를 홀대함) 조율과 상호 주관성에서도 오류를 낳고(보편의 이름으로 구체적 돌봄 대상자의 필요를 판단함) 심지어 피어남의 측면에서도 적절한 태도를 만들지 못한다(피어남은 우리 모두의 피어남이 아니라, 나와 그의 피어남이다). 돌봄이 '정의'를 위해 여러 단계의 순환적 구조를 택하는 것은, 전통적인 정의의 이자(dyadic) 구조(엄밀히는 개인 대 공공 구도)로는 편파적 태도를 설명할 수 없기 때문이다. 온전히 돌보는 누군가는 편파적이어야 한다. 아기를 돌보는 어머니가, 자녀를 보살피는 아버지가 다른 아이들의 이득을 위해 자기 자녀의 이익을 훼손하는 것을 우리는 생각하기 어렵다(물론 그럴 수 있지만, 우리는 그것을 돌봄이라고 부르지 않을 것이다).

인간적 돌봄에선 이 질문이 조금 불편하긴 해도 그렇게 생각하기 어렵진 않다. 인간은 공정과 불편부당을 좇으나 언제나 한 쪽으로 쏠리는 존재이기 때문이다. 우리에겐 타인에게 해를 끼치지 않는 한, 한 쪽으로 쏠릴 자유가 있다. 심지어 윤리학적으로도(특수 의무 대 보편 의무를 생각하라) 특수 관계에서의 편파적 행동은 정당화된다. 물에 두 아이가 빠졌을 때, 자기 아이를 먼저 구하는 부모를 우리는 탓하지 않는다(물론, 남의 아이를 먼저 구하는 부모에게 찬사를 보낼 수도 있지만, 한편으론 그 부모를 우린 이상하게 생각할 것이다). 그러나 로봇이 그래도 되는가.

도발적이지만, 나는 그럴 수 있을 때에만 ACA가 가능하다고 생각한다. ACA는 다른 사람보다 내가 지금 돌보는 특정한 개인을 우선 돌보는 행위자다. 다시 말해, 그가 내리는 결정에는 타인의 이득보다 내가 돌보는 이의 필요가 우선 반영되어야 한다. 물론, 타인을 해치면서까지 내 돌봄 대상자를 우선하는 것이 옳다고 말하는 것은 아니다. 그러나 ACA의 가치는 보편적 가치가 아닌 돌봄 대상자의 가치에 정향되어야 한다. 그래야만 관계, 조율, 상호 주관, 피어남의 정식이 성립한다.

그럼에도, 돌봄 로봇이 특정 대상을 우선할 수 있다는 생각은 불편하다. 심지어, 편파적인 로봇을 일상에서 사용해도 되는지 자체가 질문을 던진다. 하지만, 그럼에도 이 논의를 전개할 필요가 무엇인지 살피자.

ACA의 필요성

무엇보다, ACA 논의는 기존 AMA에 제기되었던 문제들을 해결한다. AMA에 대한 비판 중 하나는 가치 다원적 환경에서 AMA가 따라야 할 가치에 합의할 수 없다는 것이다(Baum, 2020). 그러나 ACA는 여러 가치 대신 특정 가치에 반응한다. 물론, 여기에서 돌봄 대상자의 가치가 왜곡되었거나 심지어 타인에게 심대한 해를 끼칠 수 있는 경우에도 ACA가 그를 따라야 하는지의 문제가 제기될 것이다. 나는 그것은 옳은 돌봄이 아니라고 믿으며(그것은 상호 주관적이지도, 피어남을 구현하지도 못한다), 돌봄 관계의 조율은 일방적이 아니라고 답한다.

오히려, ACA는 대상자의 가치 판단에 어느 정도 영향을 줄 수 있는 대상일 수 있음을 이 논의는 전제한다. 단, 이 또한 위험한 견해로 받아들여질 수 있다. 인공 행위자가 인간의 결정이나 행위에 영향을 미쳐서는 안 되는 것 아닌가? 그것은 인간 자율성에 대한 침해이므로 그 자체로 문제가 아니냐는 것이다.

이러한 우려에 대해 다시 돌봄 윤리의 관계와 조율 원칙으로 답할 수 있다. 진정한 돌봄 관계는 일방적 지배나 조작이 아니라 상호적 조율을 통해 이루어진다. ACA가 돌봄 대상자의 가치에 영향을 미치는 것은 조작이 아니라 관계적 상호작용의 일부로, 이는 인간 돌봄 관계에서도 자연스럽게 일어나는 현상이다. 부모가 자녀에게, 간병인이 환자에게 영향을 미치는 것처럼, 이는 상호 주관적 관계에서 필연적으로 발생하는 과정이다. 중요한 것은 이러한 영향이 돌봄 대상자의 피어남을 지향하는 성향과 실천을 통해 이루어져야 한다는 점이다. 이런 ACA의 영향력은 자율성 침해가 아니라 관계적 돌봄의 본질적 특성으로 이해되어야 한다.

여기에선 먼저 ACA가 아직 구상 단계에 있다는 것과 여기에서 말하는 편파는 어떤 일이 있어도 한쪽 편을 드는 것을 의미하지 않고 오히려 어느 정도 한정이 있다는 것을 전제하여, ACA 논의 전개의 필요성을 요청하는 것으로 마무리한다. 아직 ACA의 구상은 시작 단계이며, 철학적, 윤리적으로 살펴야 할 여러 내용이 산적해 있다. 게다가 여기에서 검토하는 것은 현실에서 ACA의 기술적 가능성이 아니다(현재, AMA와 ACA의 현실적 구현까지 여러 기술적 장애물이 남아 있다). 그럼에도, ACA 논의가 필요한 것은, 이 논의가 돌봄 AI와 로봇의 발전이 무엇을 향해야 하는가에 대한 지도를 오롯이 제시할 수 있기 때문이다.

참고문헌

Anderson, M. & Anderson, S. L.(2007). Machine ethics: Creating an ethical intelligent agent. *AI Magazine, 28*(4), pp.15~26.

Asimov, I.(1950). *I, Robot.* Doubleday.

Baum, S. D.(2020). Social choice ethics in artificial intelligence. *AI & Society, 35*, pp.165~176.

Coeckelbergh, M.(2010). Moral appearances: Emotions, robots, and human morality. *Ethics and Information Technology, 12*(3), pp.235~241.

Gabriel, I.(2020). Artificial intelligence, values, and alignment. *Minds and Machines, 30*, pp.411~437.

Held, V.(2005). *The Ethics of Care: Personal, Political, and Global.* Oxford University Press. 김희강·나상원 옮김(2017). 《돌봄: 돌봄 윤리》. 박영사.

JafariNaimi, M.(2017). Our bodies in the trolley's path, or why self-driving cars must not be programmed to kill. *Science, Technology, & Human Values, 43*(2), pp.302~323.

Misselhorn, C.(2022). Artificial Moral Agents: Conceptual issues and ethical controversy. In Voeneky, S. et al.(eds.). *The Cambridge Handbook of Responsible Artificial Intelligence: Interdisciplinary Perspectives*, pp.31~49. Cambridge University Press.

Rigley, E. et al.(2025). ME: Modelling ethical values for value alignment. *Proceedings of the 39th Annual AAAI Conference on Artificial Intelligence, 39*(26), pp.27608~27616.

Russell, S.(2019). *Human Compatible: AI and the Problem of Control.* Allen Lane.

10
ACA: 클라라와 태양

《클라라와 태양》에서 돌봄 로봇, '에이에프' 클라라는 병약한 소녀 조시를 돌보며 특별한 유대와 헌신을 보여준다. 그녀는 태양이 치유의 힘을 가진다고 믿으며, 조시의 회복을 위해 자신을 희생한다. 결국 조시는 회복하지만 클라라는 점차 잊히고 폐기된다. 그럼에도 클라라의 사랑과 헌신은 돌봄의 본질을 드러낸다. 작품은 AI 돌봄 로봇, 인공 돌봄 행위자의 편파적 행위가 윤리적으로 수용 가능함과 돌봄 윤리의 정식이 돌봄 로봇을 통해 구현되는 방식을 드러낸다.

AI와 미래 의사?

ACA의 형식: 《클라라와 태양》

ACA에 대한 검토가 구체적인 사례로 이루어지기 어려우므로, 여기에선 이시구로의 작품 《클라라와 태양》을 통해 ACA의 특징을 살펴보고자 한다(Ishiguro, 2021). 특히, 앞 장에서 제기한 편파성이라는 특징이 AI와 로봇의 돌봄 윤리에서 어떤 의미를 지니며 어떻게 '구현 가능'한지 작품을 통해 논의할 것이다.

클라라와 조시

태양 에너지로 작동하는 에이에프(Artificial Friend) 클라라는 상점 진열창에서 세상을 관찰하며 삶을 시작한다. 그곳에서 그녀는 태양에 대한 깊은 경외심과 뛰어난 공감 능력을 기른다. 유전자 향상('AGE', 인공 유전자 조작) 부작용으로 허약한 십대 소녀 조시가 클라라를 선택하지만, 클라라가 조시를 선택한 것이라고 말해야 할지도 모른다. 조시의 집에 들어선 순간부터 클라라는 단순한 동반자 이상의 존재가 된다. 그녀는 조시의 가장 작은 필요와 기분 변화까지 살피는 돌봄 제공자의 역할을 조용히 떠맡는다.

조시의 병에 대해 알게 되면서 클라라는 자신의 역할을 신성한 사명으로 해석한다. 그녀는 쓰러져 있던 거지

아저씨를 햇빛이 소생시키는 일을 목격했던 기억을 떠올리며, 태양이 신성한 치유력을 지니고 있다고 생각한다. 클라라는 자신이 충성과 헌신을 보인다면 태양도 조시에게 같은 것을 베풀 것이라고 믿는다. 조시의 회복을 자신의 최고 목적으로 여기는 클라라는 태양에게 도움을 청할 방법을 구상하기 시작한다.

클라라는 조시의 우정과 가족 관계를 관찰하며 자신의 돌봄 특성을 드러낸다. 그녀는 조시의 어머니가 두려움과 통제욕으로 고투하는 모습과, 조시의 어린 시절 친구 릭이 위로를 주지만 향상되지 않은 사람으로서 한계에 직면하는 것에 주목한다. 클라라는 조시에게 조용한 지지를 제공하면서도 그녀의 인간관계에 간섭하지 않으려 노력한다. 인간의 복잡함을 완전히 이해할 수는 없지만, 그녀의 보살핌은 인내, 세심함, 그리고 조시를 지켜야 한다는 확고한 믿음으로 정의되며 변함없이 지속된다.

태양과의 약속을 지키기 위해 클라라는 쿠팅스 머신(공사 차량/기계이지만, 클라라는 이것이 내놓는 오염물질에만 관심이 있다)을 파괴하려고 자기 손상을 감수하고 자기 몸에 들어 있는 용액('P-E-G 나인')을 사용한다. 이런 희생이 조시의 치유를 확실히 해 줄 것이라고 확신하면서 말이다(물론, 상징적인 역할을 할지는 모르나 쿠팅스 머신의 파괴와 태양, 그리고 조시의 병은 무관하다). 조시의 병이 악화되고 가족이 그녀의 죽음 가능성에 대비할 때, 클라라는 자신의 믿음을 꿋꿋이 지킨다. 그녀는 조시의 연약한 몸을 계속 지켜보며 적절한 순간에 햇빛이 비춰들 것이라는 희망을 품는다. 조시가 결국 회복되기 시작하자 클라라는 이를 자신의 충성에 대한 태양의 자비로 해석한다.

조시가 건강을 회복하고 대학 진학을 위해 집을 떠날 준비를 하면서, 클라라는 자신의 쓸모가 다해가고 있음을 깨닫는다. 점차 외면당하지만 그녀는 원망하지 않는다. 폐차장에서의 마지막 나날들에서 클라라는 평온하게 과거를 돌아보며, 자신의 변함없는 헌신과 믿음이 가장 큰 역할을 수행할 수 있게 해 주었다는 것에 만족한다.

왜 클라라의 행동에 마음이 가는가

AI 휴머노이드와 유전자 향상 기술이 소설의 핵심 소재이지만, 《클라라와 태양》은 전통적인 돌봄 관계의 상에 서사의 전체적인 구조를 겹쳐놓고 있다. AI 로봇인 클라라는 인간 소녀인 조시를 돌본다. 클라라는 '인공 친구'라는 이름처럼 그저 그 주인이 되는 인간 소년소녀에게 친구가 되는 역할을 수행하는 데에만 충실하게 만들어져 있으므로, 많은 교육을 받거나 세상에 대한 폭넓은 이해를 가지고 있지 않다. 따라서 그는 오해하며, 심지어 벌어지는 일을 명확하게 전달하지 못하는 신뢰할 수 없는 서술자로서 기능한다.

사실, 클라라가 '쿠팅스 머신'을 파괴하거나 태양을 만나 조시를 치료해달라고 청원하는 것은 조시의 회복과 별반 상관이 없다. 심지어 머신을 사보타주하는 행위는 조시의 아버지 폴이 이야기하듯, 소설 내에서도 '범죄 행위'로 인식된다. 게다가 클라라는 태양에게 조시와 릭의 '진실한 사랑'을 근거로 치료를 요청하지만(이것은 이시구로 작품에서 계속 탐구되는 테마이기도 하다), 소설 말미에서 둘의 관계는 그렇게 안정적으로 지속되지 않는다. 간단히 말해, 클라라는 제한된 관점에서 현실을 독자들에게 옮기고, 그런 불충분한 서술은 클라라가 지닌 한계를 보인다.

하지만, 그런 부족함이 소설을 읽는 매력을 만든다. 무엇보다, 클라라의 행동에 설득력과 힘을 부여하는 것은 그가 '에이에프'로서 지닌 미래적 특성(인간을 뛰어넘는 신체 또는 정신 능력)이 아니라, 그가 조시와 그 가정에 보이는 특별한 애정이다. 도시 여기 저기 배치되어 상시 돌아다니며 업무를 수행하는 쿠팅스 머신은 도시 정비를 위해 활용되는 건축 기계로 보이고, 묘사상 심한 연기를 뿜는 것이 문제일 수는 있으나 그 작동이 실제로 사람들의 건강을 해친다는 증거는 어디에도 없다(작품 초반 한 에이에프가 자신의 견해를 제시하고, 클라라가 그것을 순진하게 수용했을 뿐이다). 그럼에도 클라라는 쿠팅스 머신이 내뿜는 매연이 태양을 가리고, 태양을 가린 것이 태양을 화나게 할 뿐더러 조시의 건강을 약하게 만들고 있다고 "믿는다".

작품에서 짧은 회고로 처리되는 클라라의 쿠팅스 머신 파괴 행위는 사실 엄청난 문제다. AI 로봇을 도입했더니 왜곡된 신념으로 사회 기간 시설을 파괴한다. 그런 AI 로봇을 써도 되는가? 당연히 안 된다. 비록 SF에서 원칙의 충돌 문제가 다루어지긴 했으나, 일반적으로 로봇은 인간 또는 사회에 해를 입혀서는 안 되는 존재로 그려진다. 그러나 그간 비평은 이 행동을 환경적 상징주의(Mahzabin, 2023.7.20)나 종교적 알레고리(Mond, 2021.7.7)로 이해했을 뿐, 윤리적인 검토를 진행한 논의는 찾아보기 힘들다. 왜 그런가?

그것은 클라라의 행동이 오로지 조시를 위한 것이었기 때문이다. 돌봄 로봇으로서 클라라의 편파적 행동은 충분히 수용 가능한 것으로 받아들여진다. 심지어 그것이 타인에게 어느 정도 해를 끼치는 일이라고 해도(물론, 소설의 서사가 클라라의 행동에 정당성을 부여하고 있는 것은 사실이긴 하지만), 돌봄 로봇은 돌봄 대상자의 이득을 위해 행할 수 있다.

클라라=조시의 위치가 지니는 특별함

물론 "모든 돌봄 로봇이 돌봄 대상자를 위해 심지어 타인에게 해를 끼칠 수도 있다"라는 명제로 분리해 놓으면 쉽게 긍정하기 어렵다. 작품이 이를 위해 시도하는 장치는 생명이 위태로운 상태에 있는 조시의 복제로 클라라가 선택되었으며, 그리하여 유사시 '대체'를 위해 클라라가 준비하는 과정을 그려내는 것이다. 클라라는 일차적 돌봄 로봇이기만 한 것이 아니다. 그는 조시가 사망할 경우 어머니인 크리시의 상실 또는 애도를 돌보기 위한 이차적인 돌봄 로봇의 기능을 수행해야 하며, 이를 위해 조시의 '마음'까지 모두 들여다보라는 명령을 조시의 복제를 만드는 카팔디로부터 받는다. 클라라는 한편 조시의 복제가 될 준비를 하며, 이 부분이 클라라와 조시의 존재적 동일성을 제시하여 클라라의 행동에 당위를 부여한다.

흥미로운 점이 나중에(조시가 회복되고 결국 클라라

가 잊히게 되는 상황에서) 클라라가 카팔디의 명령을 회고하는 장면에서 드러난다. 조시를 복제하기 위해 클라라는 노력했으나, 그 목적은 달성될 수 없었다고 클라라는 고백한다. 그것은 조시(인간) 안에 클라라(로봇)가 흉내 낼 수 없는 것이 담겨있기 때문이 아니다. 인간에겐 특별한 것, 로봇이 흉내 낼 수 없는 것이 있지만 그것은 인간 자신에게 담겨 있지 않다. "아주 특별한 무언가가 분명히 있지만 조시 안에 있는 게 아니었어요. 조시를 사랑하는 사람들 안에 있었어요." 이런 관찰은 작가의 이전 작품들이 찾던 답을 제시하는 것이기도 하지만, 무엇보다 돌봄의 맥락에서 특별한 가치를 지닌다. 인간의 가치는 관계 속에 있으며, 그것은 서로를 돌보는 마음에서 나온다. 그리고 그렇기에, 이 마지막 장면은 클라라의 위치를 다시 정의하는 것이기도 하다. 조시를 향한 클라라의 마음이 특별했다면, 그 또한 '로봇이 흉내 낼 수 없는' 아주 특별한 무언가를 지닌 존재였다는 뜻이다. 클라라는 마지막 야적장에 버려져 있지만, 그 또한 인간과 같은 층위에 도달했음을 소설은 이야기하며 끝이 난다.

클라라, ACA의 표상

ACA 논의를 클라라에 겹치는 것으로 마무리하자. 돌봄 윤리의 여섯 가지 정식을 클라라는 효과적으로 이행하고 있다. 관계성(조시와 클라라의 관계는 '특별하다'), 조율(클라라는 조시와 가족의 필요에 자신을 맞춘다), 상호 주관성(부족한 클라라의 이해를 조시와 릭이 채우고, 그들이 바라보지 못하는 것을 클라라가 보게 한다), 역능 강화(결국, 조시를 피어나게 하는 것은 클라라의 노력 결과다), 순환성(클라라의 돌봄이 지니는 층위와 그의 일차적, 이차적 돌봄 논의는 다시 주목할 가치가 있다), 유동성(소설 마지막, 클라라의 '폐기' 또는 '실험'을 놓고 크리시는 말한다. "아뇨. 헨리. 안 돼요. 클라라는 더 나은 대접을 받아야 해요")을 만족하는 돌봄 로봇, 클라라의 돌봄은 소설 속에서도, 그리고 독자에게도 '옳은' 것으로 받아들여진다. 심지어 그의 돌봄이 편파적이고, 공공 기물을 파괴하는 행위를 했음에도.

물론, 현재의 기술로 클라라를 만들 수는 없다. 그러나 기술 발전의 가속화 앞에서, 돌봄에 AI와 로봇이 적극적으로 활용될 것이 예견되는 지금 이런 돌봄 기술이 어디를 향해야 하는지 제시해야 할 필요는 명백하다. 그리고 나는 ACA를, 그 표상으로서 클라라를 돌봄 로봇의 한 전형으로 사유할 필요가 있다고 주장한다.

참고문헌

Ishiguro, K.(2021). *Klara and the Sun*. Faber & Faber. 홍한별 옮김(2021). 《클라라와 태양》. 민음사.

Mahzabin, F.(2023.7.20). Kazuo Ishiguro's 'Klara and the Sun': Imagining technology in a not so distant future. Science Survey. https://thesciencesurvey.com/arts-entertainment/2023/07/20/kazuo-ishiguros-klara-and-the-sun-imagining-technology-in-a-not-so-distant-future/

Mond, I.(2021.7.7). Ian Mond Reviews Klara and the Sun by Kazuo Ishiguro. Locus Magazine. https://locusmag.com/2021/07/ian-mond-reviews-klara-and-the-sun-by-kazuo-ishiguro/

김준혁

현재 연세대학교 치과대학 치의학교육학교실 조교수로 일한다. 연세대학교 치과대학을 졸업하고 동병원 소아치과 수련을 받았다. 펜실베이니아대학교 의과대학에서 의료윤리 석사를, 부산대학교에서 의료인문학 박사를 취득했다. 연세대학교 의과대학 의학교육학과에서 펠로우로 일했다. 한국의철학회 편집이사, 대한의료커뮤니케이션학회 학술이사, 한국의료윤리학회 이사 및 편집위원으로 활동하고 있다. 주요 저서로 《돌봄의 역설》(2024), 《모두를 위한 의료윤리》(2021), 역서로 《의존을 배우다》(2023), 《의철학 입문》(2023) 등이 있다. 주로 의료윤리 및 의철학 분야의 논문을 저술하였고, 국내외 등재지에 40편 이상의 논문을 발표하였다.